Library of
Davidson College

TIERRA FIRME

ANTOLOGÍA POÉTICA

Comentarios y sugerencias: editor@fce.com.mx

JORGE CARRERA ANDRADE

ANTOLOGÍA POÉTICA

Selección y prólogo de
VLADIMIRO RIVAS ITURRALDE

FONDO DE CULTURA ECONÓMICA
MÉXICO

Primera edición, 2000

Se prohíbe la reproducción total o parcial de esta obra
—incluido el diseño tipográfico y de portada—,
sea cual fuere el medio, electrónico o mecánico,
sin el consentimiento por escrito del editor.

D. R. © 2000, Fondo de Cultura Económica
Carretera Picacho-Ajusco, 227; 14200 México, D. F.
www.fce.com.mx

ISBN 968-16-5824-8

Impreso en México

PRÓLOGO

Vladimiro Rivas Iturralde

La Casa de la Cultura Ecuatoriana publicó, a mediados de 1976, la *Obra poética completa* de Jorge Carrera Andrade —nacido en Quito el 18 de septiembre de 1903 y muerto en la misma ciudad el 8 de noviembre de 1978—. No fue éste el primer intento del poeta por reunir su vasta obra poética. La misma institución lanzó, en 1958, una "edición definitiva, corregida por el autor", de sus *Edades poéticas,* que incluía lo mejor de su poesía escrita entre 1922 y 1956, y la Casa del Escritor de Caracas publicó *Mi vida en poemas,* en 1962. El libro más reciente incorpora, además de su obra última, algunas colecciones no incluidas en las *Edades poéticas* de 1956, como *Microgramas* (1926). Ésta es la ventaja de la compilación de 1976; su única desventaja radica en la exhumación de los poemas iniciales, que no dan la medida de la gran poesía que se avecina. Sin embargo, el mayor placer que se desprende de la lectura cronológica y completa de Carrera Andrade reside en el descubrimiento sucesivo de la claridad, unidad y consistencia de su trayectoria poética, semejante al deleite de seguir el proceso de revelado en el laboratorio de fotografía: un mundo que va tomando forma y contornos progresivamente.

Carrera Andrade es, con Gonzalo Escudero, Alfredo Gangotena, César Dávila Andrade y Jorge Enrique Adoum, uno de los mayores poetas ecuatorianos del siglo xx y el más conocido en el exterior. Carrera Andrade es el poeta de la luz y las cosas, de las inagotables, insólitas metáforas; Escudero, pura voluntad de forma, es el poeta enamorado de las palabras, enamoramiento que lo conduce al verso escultórico, a ese barroquismo un tanto retórico vinculado al gongorismo ("Magnolia de los mármoles helados / arquitectura de la luz sumisa"); Gangotena es el poeta de los misterios católicos, del pesimismo cristiano vinculado a los misterios de la tierra; Dávila Andrade, el poeta del conocimiento esotérico, de la tierra sacralizada, de los magmas terrestres y de los tejidos biológicos con los cuales se funde en un sacrificio cuya víctima propiciatoria es el poeta mismo; Adoum es el poeta civil, el poeta testigo de su tiempo, el ciudadano que con su poesía ejerce el deber cívico de votar en contra del estado de cosas, de la situación degradada.

Estudiado por Pedro Salinas, Gabriela Mistral, Robert Ganzó, Edmond Vandercamen, Enrique Ojeda, René L. F. Durand, Peter Beardsell, César Dávila Andrade, Jorge Enrique Adoum, Alejandro Carrión, José Olivio Jiménez, Ramiro Rivas, Oswaldo Encalada, Hernán Rodríguez Castelo, entre otros, Carrera Andrade ha sido traducido y antologado en más de diez lenguas. Octavio Paz, Jorge Guillén y Juan Liscano, por ejemplo, manifestaron en nuestra lengua una sincera admiración por su poesía. Paz, concretamente, repetía que era un poeta que sabía ver.

Su trato con poetas franceses contemporáneos suscitó una admiración recíproca que se tradujo en amistad: conoció y tradujo a Paul Eluard, Louis Aragon, Jules Supervielle, Jean Cassou, Francis de Miomandre, Tristan Tzara, André Breton, Léopold Sédar Senghor, entre otros. Producto de ese trato y esa amistad es su admirable antología de poesía francesa contemporánea, ahora una joya de biblioteca (1951).

Lo que más asombraba en él, independientemente del valor de cada uno de sus poemas, era su fe en el mundo poético que postulaba. Esta convicción hizo de la suya una de las obras más sólidas y consistentes de la poesía hispanoamericana del siglo XX. Su poesía se despliega, desde sus orígenes bucólicos y posmodernistas (el posmodernismo rubendariano), como un solo gran poema de los dones, un solo gran inventario de los bienes terrenales, como crónica de las cosas, donde es la luz el verdadero ser. "Las cosas. O sea la vida", había postulado en uno de sus poemas. Poeta de las cosas, o sea de la luz. Descubrió por su cuenta (como en México José Juan Tablada) los haikús japoneses, que tanto interesaron y gustaron a Octavio Paz; tradujo a los grandes poetas franceses contemporáneos; el esplendor visual de sus poemas sólo tiene parangón con los más altos momentos de Paz, de Pellicer o del venezolano Vicente Gerbasi. Poeta primitivo como los presocráticos —quienes introdujeron la metáfora al pensamiento occidental— y moderno como Platón y Aristóteles —que introdujeron, respectivamente, la idea del símbolo y de la analogía— seduce por esta doble cabeza de Jano de su poesía: inocencia y asombro filosófico, gozo de vivir y gozo de pensar.

De una manera muy diferente a la filosofía, el asombro está en la raíz de esta poesía. Asombro no quiere decir ahora sólo interjección. Significa, para el poeta que me ocupa, perplejidad ante la certidumbre del mundo exterior, mirada interrogante, método de trabajo. Poesía sin demonios, sin torturas de la conciencia, sin teatralidad ni patetismo, distante del sueño y de todo explícito afán de trascendencia, es, sin embargo, una de las más asombrosas y asombradas de la literatura hispanoamericana del siglo XX. En esta poesía del fulgor, de los tornasoles, todo es cierto. El mundo está afuera, resplandeciendo en formas y colores amaestrados por las inagotables y sorprendentes metáforas, pero entendidas, como anota Pedro Salinas, no como una "deliberada operación intelectual por la cual se traen a comparación dos cosas que ofrecen algún parecido", sino como un acto poético puro, "una forma nueva de percepción poética, que brota de la aproximación de dos objetos que a veces no tienen semejanza alguna entre sí": un medio cognoscitivo y un mito en pequeño, al decir de Giambattista Vico *(Ciencia nueva,* libro III), o, según Borges *(Historia de la eternidad),* la metáfora como identidad y lejanía, como aproximación de lo distante en una lengua que, como la española, es tan torpe para formar palabras compuestas. (Borges fue más lejos aún: en sus ensayos sobre las Kenningar y sobre la metáfora sostuvo la casi imposibilidad del español de operar con metáforas.)

No hay pensamientos memorables en la poesía de Carrera Andrade: nada hay entre el objeto visto y la mirada sino otro objeto verbal. Casi siempre las imágenes nos remiten a otras, designando una armoniosa alianza entre los significados de las cosas:

> Golondrina, ancla de plumas
> por los mares del cielo
> la tierra busca.

Esta pasión de miniaturista, de acuarelista, admite profundización, más que corrección. Tras las ecuaciones sintácticas se esconde la invitación en sordina a ver el mundo y disfrutar de sus imágenes, a amar las cosas y descifrar sus misterios sin alterar el equilibrio del universo:

> La clave de la dicha está en tu mano:
> goza, aprende el lenguaje que te ofrece
> el mundo elemental, después perece.
> De "Lenguaje elemental" (1950)

La evolución poética de Carrera Andrade va estrechamente vinculada a sus desplazamientos por el mundo. Poeta del viaje, estuvo en Barcelona, donde publicó *Boletines de mar y tierra* (1930), con prólogo de Gabriela Mistral. Diplomático, fue cónsul en El Havre (1935), en Tokio (1938). En 1940 estuvo de nuevo en Ecuador. Vivió tres años en los Estados Unidos. En 1944 fue trasladado a Caracas como encargado de negocios. Por un corto tiempo se separó del servicio diplomático, pero volvió a él en Londres. Regresó a Ecuador en 1950, donde fue elegido vicepresidente de la Casa de la Cultura Ecuatoriana. Fue asiduo colaborador de numerosas revistas, entre otras *Letras del Ecuador, Taller,* de México. En 1951 representó a Ecuador en la UNESCO, donde hizo amistad con Torres Bodet. En 1958 estuvo una vez más en su país. A partir de 1961 se desempeñó como embajador en Chile, Argentina y Brasil. En 1964 fue embajador en Managua y en 1965 en París. De regreso a la patria, desempeñó su último cargo público, como director de la Biblioteca Nacional, hasta su muerte súbita, en inexplicables soledad y pobreza, el 7 de noviembre de 1978.

Las partidas, los regresos, marcan los hitos de su poesía. A medida que viaja, su poesía se enriquece, se extiende: pasa del bucólico paisaje andino y el trópico americano (nevados, valles, capulíes, colibríes; palmeras, mar, cielo azul) al bodegón mediterráneo (frutas, botellones, mariscos, ventanas y balcones matisseanos y luz). Traza delicadas acuarelas verbales de numerosas ciudades europeas y asiáticas: El Havre, Amsterdam, París, Tokio. Para entonces Carrera Andrade ya había aprendido de muchos poetas franceses, en especial de Francis Jammes, por largo tiempo el santo de su devoción, y, por supuesto, de los hai-kú japoneses, cuyo espíritu estará presente aun en los poemas largos de la década del cincuenta. Su poesía se expande hacia Europa, lugar de origen. Regresa, va y viene. Escucharemos ocasionalmente ecos de la poesía francesa contemporánea, en particular de Valéry. Una y otra vez se identificará con el símbolo de la ventana:

> No poseo otro bien que la ventana
> que quiere ser a medias campo y cielo
> y en su frágil frontera con el mundo
> la presencia registra de las cosas.
>
> De "Propiedad"

Con el mismo tono con que celebra la naturaleza, describirá en una breve época futurista de su poesía a esos nuevos protagonistas de la historia contemporánea: las máquinas, las grandes urbes, las huelgas, las manifestaciones callejeras y aun las armas, como lo hicieron con diversa fortuna el gran Apollinaire y los mediocres Marinetti o Alberto Hidalgo. Ha estallado la segunda Guerra Mundial. Su poesía política —más bien escasa— tiene el mismo tono de su demás poesía: sereno, metafórico, sin teatralidad, dominado por el sentido de la vista. En la colección francesa de poesía contemporánea Poètes d'Aujourd'hui, editada por Pierre Seghers, el antólogo y prologuista René L. F. Durand sirve mal a la causa de Carrera Andrade haciéndolo aparecer como una suerte de símbolo revolucionario, de luchador incomprendido de las causas populares, cosa que no fue y de cuyo apoyo puede prescindir su poesía. Cierto, fue con otros distinguidos intelectuales, como Pablo Palacio, Gallegos Lara, Gil Gilbert o Pareja Diezcanseco, uno de los fundadores del Partido Socialista Ecuatoriano (julio de 1925). Secretario general del partido, fue delegado a un congreso en la Unión Soviética, adonde nunca llegó porque en Europa conoció y trató a Gabriela Mistral, a Vasconcelos, a Vallejo y otros personajes latinoamericanos. En su autobiografía, titulada *El volcán y el colibrí,* confiesa que su indignación contra el estado de cosas surgió a raíz de la matanza de

Guayaquil el 12 de noviembre de 1922 —*Las cruces sobre el agua*—, pero la manifestación de esa indignación nunca dejó de ser libresca y letrada. Prosigue, en cambio, el poeta con creciente maestría el asalto de las palabras a las cosas: los objetos son esculpidos por múltiples metáforas disímbolas, son sitiados y definidos por todos los costados:

> Sólo es luz emplumada el colibrí,
> luz con alas o mínima saeta
> que las flores se lanzan una a otra
> al corazón de aroma y de rocío.
>
> De "Las armas de la luz", IV

Carrera Andrade estudió las ciencias naturales para respaldar sus intuiciones poéticas. El mundo ordenado de las cosmologías de los siglos XVIII y XIX da origen a una cosmología mecánica, a la imagen del mundo como máquina o reloj celestial, hace poner en marcha en muchos artistas e intelectuales (desde Alexander Pope hasta Neruda o Carrera Andrade) la idea de "la gran cadena del ser". En el caso de Carrera Andrade, al ser la suya poesía de las cosas, es también poesía de la solidaridad entre los seres. Todo tiene que ver con todo: un elemento afecta al conjunto del universo de la misma manera en que es afectado por él. Y este fenómeno de interdependencia absoluta que existe en la naturaleza se refleja también en sus textos como entidades poéticas. Llegará una edad en que las cosas serán vistas como amuletos: "Visitante de niebla", uno de sus mejores poemas, tiene ya la nostalgia del poeta a los veinte años; Carrera Andrade se ve a sí mismo cargado de amuletos de amor por el mundo en un cielo que empieza a nublarse con la edad, a sacudirse de incertidumbres. El poeta que había invitado a la dicha empieza a frecuentar las elegías ("Juan sin cielo") y a plantearse cada vez más el mundo como un enigma. El poeta de la luz se plantea la sombra y el polvo como temas, y el resultado es admirable:

> Tu roce de ceniza va gastando las formas,
> hermano de la noche y la marea.
> Envuelves todo objeto en una muerte anónima
> que es tan sólo un regreso a su origen de tierra.
>
> De "Tres estrofas al polvo"

El mundo es una prisión, prisión terrena; está cerrado en sí mismo "como el sueño de una bellota" o como los cofres sumergidos de los piratas. Para tener acceso al mundo, este hombre de mar reclama la llave al hipocampo, su natural habitante, no a la razón:

> Me da acceso a la cueva memorable
> tu breve llave de nácar, hipocampo.
>
> De "Prisión humana"

En los poemas que van de 1937 a 1959 están sus intuiciones y visiones más memorables. Cuando este poeta de la luz descubre la sombra, logra algunos de sus mejores poemas: "El objeto y su sombra", "Polvo, cadáver del tiempo", "El visitante de niebla", "Tributo a la noche" o "Tres estrofas al polvo". Con los años, la ventana se ha vuelto espejo y, paulatinamente, ese espejo se ha ido cubriendo de una pátina gris. El poeta se observa solo, mirando y admirando, y afirmando su existencia en esta admiración. La métrica ha evolucionado hacia formas más complejas, hasta los soberbios endecasílabos de "Familia de la noche" (1953), por ejemplo. La frescura de sus imágenes se ha mantenido incorruptible: aun las nociones más abstractas —la eternidad, el tiempo, la memoria— son expresadas en imágenes visuales, así como en sus días de juventud todas las sensaciones eran reductibles a imágenes visuales. La antigua familiaridad con la naturaleza asoma, intermitente: sigue el poeta tuteando a los objetos, costumbre que parece obedecer más a exigencias de la sensibilidad que a una retórica gastada.

En *Hombre planetario* (1959) asoman el dolor y el duelo por la pérdida de los significados modernistas de los seres. La luna es ahora "un pozo de llanto de los hombres": hay que salvar del degüello al cisne en un mundo entregado a los traficantes de noticias y de dinero. Su poesía última —el poeta muy cerca del espejo— se ha vuelto más reflexiva, más opaca. Algunas metáforas —las aposiciones— se repiten mecánicamente, por costumbre. Asoman, ocasionalmente, fulgurantes destellos de su poesía solar. Asoma la magia, en un intento por contestar a las perpetuas interrogantes sobre el origen de la vida: culto al círculo: al *cero*, a la *semilla*, al *sol*. Inventa utopías poéticas: Aurosia, que se sitúa a la vez en el pasado indio que en un futuro hipotético:

Todo es oro en Aurosia.

Regresa a la ventana. Mientras vive el color, el poeta desconoce la sombra. La sombra se queda afuera, detrás de las ventanas. Su poesía sigue asistiendo al mecanismo misterioso de la naturaleza:

¿Dónde se encuentra, rosa,
tu máquina secreta
que te forma y enciende, brasa viva
del carbón de la sombra
y te impulsa a lo alto
a expresar en carmín y terciopelo
tu gozo de vivir sobre la tierra?
De "Hombre planetario"

Vuelto al ámbito de la luz y del oro, a su tierra natal y a El Dorado, así en la geografía como en la historia, ensaya en correcta versificación épico-lírica la rendición de Gonzalo Pizarro, primer tirano de América, ante el Pacificador La Gasca: *Crónica de las Indias* (1959). Pero a fuerza de contemplar las cosas desde su ventana solitaria, el poeta ha ido afantasmándose. Él mismo se ha vuelto ventana, cristal, atmósfera. Quedan los objetos sin sombra. Me he repetido a menudo esta pregunta: ¿cómo sentiría estos poemas luminosos desde su penumbra ese otro poeta de las cosas que fue Jorge Luis Borges? Alguna vez el poeta argentino se mostró displicente ante tres muestras desafortunadas de su poesía. Una nueva referencia, inevitable: muchos rasgos de esta poesía coinciden con la de Carlos Pellicer. He de señalar sus diferencias: Pellicer es más vital, ancho, rico, dinámico y extravagante que Carrera Andrade. El ecuatoriano es más sutil, delicado y minucioso. Su afán de *ver* lo lleva a atenuar el trabajo de sus otros sentidos. Pero bien podría decirse que si su personalidad no es tan poderosa como la de Pellicer, su poesía, quizá, es más perfecta.

He respetado en esta antología el orden cronológico de la obra en verso del poeta a fin de que el lector pueda disfrutar también de ese goce adicional al que me he referido al comienzo de este prólogo: la afinidad entre el avance de esta poesía y el proceso de revelado en el laboratorio fotográfico.

En términos generales, este orden cronológico es el mismo que propone el autor en la *Obra poética completa* de 1976. Cabe señalar, sin embargo, que el libro citado no siempre respeta la cronología de la obra anterior. Quizá le creo más a Enrique Ojeda en su *Jorge Carrera Andrade: Introducción al estudio de su vida y de su obra* (Madrid, 1972), el libro más completo y riguroso que se haya escrito sobre el poeta. Por ejemplo, los *Microgramas,* publicados en 1940, aparecen en la obra de 1976 como si datasen de 1926. El estudio de Ojeda revela que doce de estas miniaturas, que algo deben a la greguería y al haikú japonés, aparecieron ya en *Boletines de mar y tierra* (1930) y once en *Rol de la manzana* (1935), y pueden haber sido trabajados entre 1926 y 1930. Pero sólo en 1940 fueron publicados en Tokio con el ingenioso título que ahora lleva, colección que revela a Carrera Andrade como uno de los introductores, junto a Tablada, del haikú en la lengua española. Debo entonces a Ojeda la casi totalidad de la bibliografía que sucede a mi prólogo.

Quiero finalmente expresar mi gratitud al interés de Adolfo Castañón porque este libro se publique, y a Xavier Michelena, sin cuya preciosa ayuda en Quito esta edición habría sido imposible.

OBRAS DE JORGE CARRERA ANDRADE

Libros de poesía

1. *El estanque inefable,* Universidad Central, Quito, 1922.
2. *La guirnalda del silencio,* Imprenta Nacional, Quito, 1926.
3. *Boletines de mar y tierra,* prólogo de Gabriela Mistral, Editorial Cervantes, Barcelona, 1930.
4. *Rol de la manzana (1926-1929),* introducción de Benjamín Jarnés, Espasa-Calpe, Madrid, 1935.
5. *El tiempo manual,* Ediciones Literatura, Madrid (PEN Colección, núm. 12), 1935.
6. *Biografía para uso de los pájaros,* Cuadernos del Hombre Nuevo, París, 1937.
7. *La hora de las ventanas iluminadas,* Ercilla, Santiago de Chile, 1937.
8. *Microgramas* (precedidos de un ensayo y seguidos de una selección de haikús japoneses). Ediciones Asia-América (Colección del Pacífico), 1940.
9. *País secreto,* edición de autor, Talleres Bunsh-Sha, Tokio, 1940.
10. *Registro del mundo, Antología poética (1922-1939),* Ediciones del Grupo América, Imprenta de la Universidad, Quito, 1940.
11. *Canto al puente de Oakland. To the Bay Bridge,* traducción al inglés de Eleanor L. Turnbull, Stanford University Press. Office of Pan-American Relations Hoover Library on War, Revolution and Peace, 1941.

12. *Poesías escogidas,* prefacio de Pedro Salinas, Ediciones Suma, Caracas, 1945.
13. *Lugar de origen,* Suma, Ediciones al Servicio de la Cultura, Caracas, 1945.
14. *Canto a las fortalezas volantes,* Cuaderno del Paracaidista, Ediciones Destino, Caracas, 1945.
15. *Registro del mundo,* segunda edición, Séneca, México, 1945.
16. *El visitante de niebla y otros poemas,* Casa de la Cultura Ecuatoriana, Quito, 1947.
17. *El visitante de niebla y otros poemas,* segunda edición, Casa de la Cultura Ecuatoriana, Quito, 1947.
18. *Aquí yace la espuma,* Presencias Americanas, París, 1950.
19. *Lugar de origen,* segunda edición aumentada, Casa de la Cultura Ecuatoriana, Quito, 1951.
20. *Familia de la noche,* Librería Española de Ediciones, París, 1953.
21. *Familia de la noche.* segunda edición, Colección Hispanoamericana, París, 1954.
22. *Edades poéticas (1922-1956),* precedida del estudio autocrítico "Edades de mi poesía", Casa de la Cultura Ecuatoriana, Quito, 1958.
23. *Moneda del forastero. Monnaie de l'étranger,* traducción al francés de Jean Mazoyer, Collection Terres Fortunées, Dijon, 1958.
24. *Hombre planetario,* Ediciones de la revista *Mito,* Bogotá, 1959.
25. *Mi vida en poemas,* ensayo autocrítico seguido de una selección poética, Ediciones Casa del Escritor, Caracas, 1962.
26. *Los primeros poemas de Jorge Carrera Andrade* (contiene el estudio "Etapa actual de la poesía de Jorge Carrera Andrade" de Giuseppe Bellini), Lírica Hispana (Caracas), xx, 234, octubre de 1962.
27. *Hombre planetario,* segunda edición aumentada, Casa de la Cultura Ecuatoriana, Quito, 1963.

28. *Floresta de los guacamayos,* Editorial Nicaragüense, Managua, 1964.
29. *Crónica de las Indias,* Centre de Recherches de l'Institute d' Études Hispaniques, París, 1965.
30. *Poesía última (Hombre planetario, Floresta de los guacamayos, Crónica de las Indias, El alba llama a la puerta),* edición e introducción de Enrique Ojeda, Las Americas Publishing Company (Colección Clásicos Hispanoamericanos, núm. 3), Nueva York, 1968.
31. *Prosa y poesía de Jorge Carrera Andrade,* tirada aparte de *Norte,* Revista Hispánica de Amsterdam, IX, núms. 3-4, 1968.
32. *Libro del destierro. Livre de l'exil precedé de Message a l'Afrique,* edición bilingüe con una presentación del autor y una bibliografía de sus obras por René L. F. Durand, Centre de Hautes Études Afro-Ibero-Americaines de l'Université de Dakar, Dakar, 1970.
33. *Libro del destierro,* papeles de Son Armadans, CLXIX, 1970, pp. 35-48.
34. "Vocación terrena", *Árbol de Fuego,* núm. 51, Caracas, 1972.
35. *Selected poems of Jorge Carrera Andrade,* edición bilingüe, editada y traducida al inglés por H. R. Hays, State University of New York University Press, Albany, 1973.
36. *Obra poética completa,* Casa de la Cultura Ecuatoriana, Quito, 1976, 596 pp.
37. *Los caminos de un poeta. Obra poética completa* (biografía, iconografía, bibliografía), edición de Jorge Aravena, Colección Música-Palabra, Quito, 1980.

2. Libros de prosa

1. *Cartas de un emigrado,* Quito, Editorial Elan, 1933.
2. *Latitudes,* Quito, Talleres Gráficos Nacionales, 1934.
3. *Latitudes,* segunda edición corregida, Buenos Aires, Editorial Perseo, 1940.
4. *Guía de la joven poesía ecuatoriana,* Tokio, Ediciones Asia-América, 1940.
5. *Ecuador Sheds its Blood for Democracy and Security of Western Hemisphere* [sin nombre de autor], San Francisco, The Century Press, 1941.
6. *Mirador terrestre. La República del Ecuador, encrucijada cultural de América,* Nueva York, Las Americas Publishing Company, 1943.
7. *Rostros y climas* (crónica de viajes, hombres y sucesos de nuestro tiempo), París, Ediciones de la Maison de l'Amérique Latine, 1948.
8. *La tierra siempre verde (El Ecuador visto por los cronistas de Indias, los corsarios y los viajeros ilustres),* París, Ediciones Internacionales, 1955.
9. *El camino del sol (Historia de un reino desaparecido),* Quito, Casa de la Cultura Ecuatoriana, 1959.
10. *Galería de místicos y de insurgentes (La vida intelectual del Ecuador durante cuatro siglos: 1555-1955),* Quito, Casa de la Cultura Ecuatoriana, 1959.
11. *Viaje por países y libros,* Quito, Casa de la Cultura Ecuatoriana, 1961.
12. *Presencia del Ecuador en Venezuela* (escritos varios, entrevistas, discursos), Quito, Editorial Colón, 1963.
13. *El fabuloso reino de Quito (Historia del Ecuador desde sus*

orígenes más remotos hasta la conquista española), Quito, Casa de la Cultura Ecuatoriana, 1963.

14. *Carrera Andrade en la Academia* (dos discursos), Quito, Casa de la Cultura Ecuatoriana, 1963.
15. *Radiografía de la cultura ecuatoriana*, Managua, Ediciones del Ministerio de Educación Pública, 1964.
16. *Interpretación de Rubén Darío*, Managua, Ediciones Cuadernos Darianos, 1964.
17. *Retrato cultural del Ecuador*, París, Centre de Recherches de l'Institute d'Études Hispaniques, 1965.
18. *Retrato cultural del Ecuador. Cultural Portrait of Ecuador. Portrait Culturel de l'Equateur* [segunda edición trilingüe], Pittsburgh: Gulf Oil Corporation, 1966.
19. *Interpretaciones hispanoamericanas*, Quito, Casa de la Cultura Ecuatoriana, 1967.
20. *Las relaciones culturales entre el Ecuador y Francia*, Quito, Ministerio de Educación Pública, 1967.
21. *El volcán y el colibrí* (autobiografía), Puebla, Editorial José M. Cajica Jr., S. A., 1970.
22. *Reflexions on Spanish American Poetry,* traducción de Don C. Bliss y Gabriela de C. Bliss, Albany, State University of New York Press, 1973.
23. *La tierra siempre verde,* segunda edición, Quito, Casa de la Cultura Ecuatoriana, 1977.
24. "Reflexiones sobre la poesía hispanoamericana", *Cultura,* revista del Banco Central del Ecuador, vol. VI, núm. 17, septiembre-diciembre de 1983, pp. 51-96.
25. "Mi poesía", *Cultura,* revista del Banco Central del Ecuador, vol. VI, núm. 17, septiembre-diciembre de 1983, pp. 97-117.
26. "Un retrato visto por sí mismo", *Cultura,* revista del Banco

Central del Ecuador, vol. VI, núm. 17, septiembre-diciembre de 1983, pp. 413-456.
27. *Reflexiones sobre la poesía hispanoamericana*, Quito, Casa de la Cultura Ecuatoriana, 1988.
28. *Relatos de un gozoso tragaleguas* (ensayos de viaje), prólogo y selección de textos de Enrique Ojeda, Banco Central del Ecuador, Quito, 1994.

PRIMEROS POEMAS
[1917-1920]

RETRATO DE UN MONJE
(Cuadro de la Escuela Quiteña)

Las manos descarnadas son de un santo
que dio a su juventud la flor del vicio
y, llegado el otoño, con cilicio
ciñe su corazón, copa de llanto.

Le brindaron secreto maleficio
el racimo de carne y el acanto;
pero ha sido tan grande su amor santo
que por fin va a salvar el precipicio.

Ahora sólo tocan los misales
esos párpados tristes y esas manos
que hirieron los pecados capitales.

Y alza su corazón, viejo de orgía,
a la constelación de astros hermanos
como un regio copón de pedrería.

LA POSADA
(Cuadro de la Escuela Flamenca)

En la mesa con panes y botellas
es el centro pictórico el frutero
y son los dos candiles dos estrellas
que alumbran un asado de cordero.

En el frutero hay uvas y grosellas,
naranjas en que está el verano entero
e higos del color de las botellas
donde enrojece el vino prisionero.

Cuatro hombres de mejillas de manzana
se reparten alegres el asado
del que luciente aún la sangre mana.

Y el vino da un reflejo amoratado
sobre el pan, el mantel, la porcelana
y un cuadro del rincón mal alumbrado.

LA PUERTA

Se entreabre la puerta del pasado:
veo el reloj de cuco y el añoso jardín.
Vive una vida oscura el jarrón desconchado
que en la estación de lluvia siente llegar su fin.

Igual que ayer en éxtasis como un seminarista
el libro del estanque lee el sauce llorón.
El banco del abuelo hace nublar la vista
y a la puerta de encina se fuga el corazón.

Es un atento oído la oculta biblioteca:
¿oye hablar los retratos de Paul Fort y de Khan?
Su alma huele en el aire como una rosa seca.
Anciano paralítico, sueña el quieto diván.

Fray Francis Jammes hace florecer una estaca,
José Carner busca hongos en el claro verdín
y Mark Twain tartamudo habla con una urraca
rellena de aserrín.

Seres lunarios, libros tantas veces leídos:
viandas celestes para la cena familiar,
veleros que me llevan a países floridos
a través de la vida profunda como el mar.

VIDA DEL CÁNTARO

Cántaro de agua abandonado
en la mesa, junto a una rosa:
el cielo en tu arcilla enclaustrado
refleja una vida piadosa.

El hermano ciego se inclina
hasta tocarte con sus manos
y el agua da una luz divina
a sus pobres ojos humanos.

Para las alas temblorosas
que abre su débil vida incierta,
ante el cerrarse de las cosas
sólo tú eres ventana abierta.

Y el hermano que no ve el día
en la oscura casa cerrada
siente que el cántaro le guía
como si fuera una mirada.

TORMENTA

Sobre la grupa del cerro
el rayo, celeste herrador,
pone su marca de fuego.

Desde lo más alto
hace rodar el trueno
su tonel colmado.

En red de lluvia las cosas
lloran un sueño de peces
y todo el campo se ahoga.

Después de llover, el cielo
su bufanda de siete colores
se cuelga al cuello.

LABRADOR INMORTAL*

Señor de humildes asnos y ovejas extasiadas
que, enfermas de silencio, vagan por la colina
y sin pausa te buscan por las encrucijadas
 de niebla vespertina.

En tu mansión campestre se desconchan los muros
y el viento de los muertos hace crujir la puerta.
En azul pinta el grillo los sembrados oscuros
 con su música incierta.

Labrador inmortal, cumpliste la tarea:
Cultivaste las plantas del cielo en tu morada
y entregaste, al caer el ocaso en la aldea,
 tu cosecha dorada.

Abuelo montañés, señor de manantiales,
de rocas como nubes, de celestes corderos:
la muerte campesina te compró tus cereales
 en contantes luceros.

*Escrito en 1920, cuando circuló en Quito la noticia infundada de la muerte de Francis Jammes.

TRÁNSITO, DONCELLA INDIA

El indio de Sangolquí
—poncho de fruta encendida,
luna de lana en la frente—
desciende por la colina.

Casas le salen al paso
a darle los buenos días.

Tejados color canela
luces del alba destilan.

Pasan arrieros de niebla
con sus asnos de ceniza.

El indio de Sangolquí
desciende por la colina.
Una canción entreabierta
en sus labios va prendida.

Andan árboles y cercas
haciéndole compañía.

Cactos filudos disparan
su cohete de clorofila
con estallidos de grana.

De vez en cuando la risa
del maíz decapitado
en su verde y alta pica.

Con un rebozo de sol
la Tránsito va vestida
y una camisa de luna
con dos grecas amarillas.

La Tránsito sube, sube
y al subir hila que hila
con un huso bailarín
que en su mano izquierda gira.

Pájaros aventureros
cuchillos de vidrio afilan
en la rueda de la luz.

La Tránsito se ilumina
al ver llegar a su amado.
Les saludan las gallinas.

El indio de Sangolquí
y Tránsito Tipanluisa
bajan al río tordillo
que un puente rústico ensilla.

Por oreja de mujer
voz de hombre se precipita.
Ciñe un brazo la cintura
y el huso gira que gira.

Bueyes de canela cargan
la soledad, de rodillas.

ESTANQUE INEFABLE
[1922]

PROVINCIA

Diligencia del pueblo, ya inútil y arrumbada,
guirnalda de cerezas que huele a madrugada,
callejón del coloquio, dulce bosque de pinos,
puertas donde a la tarde se sientan los vecinos
a charlar y a soñar, la pipa entre los dientes:
provincia, estanque de oro de las vidas dolientes,
donde halla el solitario su estrella más florida
y el triste siente oler a flor toda su vida.

Aquí vuelve a ser niño el corazón urbano
entre el perro de casa tan fiel como un hermano
y este buen asno que hace sonar la campanilla.
El corazón enciende su lámpara de arcilla.
Llega el poeta humilde, ciego y envejecido,
en busca de su sueño familiar más querido:
la corona de ramas, el árbol del reposo,
y la tristeza muerta bajo el cielo oloroso.

¡Ah, cómo hacen aún saltar su corazón
las hierbas tan azules y el pájaro chillón,
pájaro de las hierbas que abre las madrugadas!
El amor inocente, las dulzuras añejas,
el perro amigo, el asno que mueve sus orejas,
guían el alma oscura a las altas moradas.

LOS PÁRPADOS ENTORNADOS

La paz de mi retiro es como una fragancia
de las vidas sencillas, los objetos hermanos
que han muerto y a los cuales tendemos nuestras manos
como a los tristes barcos que se hunden a distancia.

Busco sólo el reposo, las uvas del reposo
y su vino que embriaga de un placer silencioso.
Y quiero ver el aire tan azul, la vidriera
que canta la emoción del viaje en primavera,
el camino de hierbas, la rústica hostería
y el corazón ceñido de un laurel de alegría.

Habitación callada, llave en la cerradura,
paciente soledad, mi panal de dulzura.
Sólo el cansado grillo que bajo de la puerta
canta es mi humilde amigo ante la tarde muerta.
Entornados los párpados, oigo herir el reposo,
el corazón viviente de los bosques ancianos.
A mis pies, el cansancio como un lebrel ocioso
se tiende familiar y me lame las manos.

FILOSOFÍA DEL HUMO

Un libro es una casa con ventanas al campo
y ocultos corredores: su postigo cerrado
aguarda, para abrirse, el roce de una mano.

La rosa es una copa llena de olor humilde:
la toca el aire tímido con sus dedos sutiles
y la vuelca en el agua con la huella del cisne.

La llama es un espíritu —cada estrella es su hermana—,
acecha como un perro, sabe escuchar y calla
en el mar de la noche cargado de almas náufragas.

Pero el libro es más frágil que la llama y la rosa.
Tiene sólo un minuto de vida y se abandona
a la muerte que labra la polilla sonora.

El mal viento beodo rompe con labios tímidos
la humilde copa. Sólo la llama como un niño
al morir sube al cielo y es humo pensativo.

Mejor que oler la rosa y abrir el libro único
es encender cual lumbre nuestro dolor oculto
y vivir en silencio con la vida del humo.

VIDA DE LA ALACENA

La alacena envejece roída de polilla
en la tibia hermandad de los muebles amigos.
Está ya carcomida y por instantes cruje
cual si fuera a morir. Si en la ronda los niños
hacen ruido, la pobre sufre como una abuela
que ansía dormitar en su silencio tibio.
Ha olvidado el olor de las frutas maduras
y de aquel jugo de uvas de todos los domingos
y, así tan viejecita como está, recuerda algo
sólo cuando el canario de la casa está lírico.

Han forzado sus puertas los pequeños rateros
en busca de manzanas en las noches de estío
y la humilde alacena está ahora vacía.
Pero, cuando la lámpara abre su ojo amarillo,
se deja estar inmóvil y muda como en éxtasis
evocando tal vez la imagen de dos niños
—mi prima y yo— abismados en un libro de estampas,
sentados a la vieja y alta mesa de pino,
o de esa madrugada en que voló su alma
a la estrella que miran los amantes perdidos.

CANCIÓN DE LOS NAIPES

As con as, sota con sota y caballo.
—La vida es un fruto bien azucarado.

La vida es un juego de azar. Rey con rey.
—Mi prima es un libro de historias de miel.

Mi prima es un cofre al uso de antaño:
guarda cintas, flores y estampas de santos.

¡Ah, toda mi vida —as con as y dos—
jugaría al naipe sólo por su amor!

Por besar sus labios —candela y azúcar—
le daría el As de Oros de la luna.

PASTORAL

Oran recogidos de sueño los pinos
en la paz de vagas lejanías lilas.
Trazan las palomas celestes caminos
sobre el seto, sordo de sones de esquilas.

Las frívolas niñas juegan en el pozo.
El cubo con líquenes izan a la altura
y es su clara risa trino melodioso
o lírica charla de una fuente pura.

El césped fragante conserva las huellas
de pisadas leves y leves caídas
y el agua del pozo salpica de estrellas
las faldas ligeras, las hierbas floridas.

Claridades de oro sueñan en el cielo.
Extrae el crepúsculo sutiles aromas
de los altos pinos, y en su manso vuelo
al brocal del pozo vienen las palomas.

Trae el aire un débil olor de frambuesa.
Y en tanto huye el alma del lugar herboso
las frívolas niñas con dulce sorpresa
ven temblar la luna al fondo del pozo.

LOS DEDOS DEL VIENTO

Escuchad: al salto de agua
vienen los dedos del viento,
y es una flauta de caña
llorando sobre el silencio.

Los dedos dan invisibles
al largo tubo de cobre
el tono del amor simple
dicho en un claro del bosque.

Y ved que los dedos tenues
hurgan también el follaje
y escalofrían las verdes
espaldas de los estanques.

¡Ya están en nuestros cabellos
esos dedos olorosos!
Enloquecen en el juego
con tu vestido de otoño.

¡Deja turbarse a esos pobres!
Y festejen el buen tiempo
las amigas hojas de ocre
que bailan en los senderos.

EL SILENCIO

El agua imperceptible del silencio
se riza en ondas mínimas. Cual junco
de esbeltez armoniosa una voz se alza.
Es una voz dormida y transparente
delgada como el pífano del grillo,
triste como el morir de la hoja enferma
en otoño. El oído se recoge
en su concha, las manos son de musgo
al tocar los objetos y la niebla
piadosamente hace bajar los párpados.

Inefable es el canto del silencio.
Su música de pronto se ilumina
como perla en el vientre de la ostra…
Sopla al oído del poeta una égloga
y en la flauta de abril es todo un himno.
Y suspira también algunas veces
como esa voz en otro tiempo oída
que hace temblar el corazón y pone
vendas de niebla en las pupilas húmedas.

PARROQUIA

La luna, pequeña redoma de agua
llena, siempre llena
para el grillo calvo que viste sotana
y el ratón que labra su alcoba en la mesa.

Para la col tímida que se siente monja,
el zorro que husmea su presa en el techo,
el rastrillo huraño, la humilde bellota
y la carretilla del heno.

¡Oh luna hortelana, luna oliente a flores
para el asno triste y hasta el lobo malo!
Redoma que baña con su agua de luz
sobre la ventana las chanclas del párroco.

TRIBULACIÓN DE AGOSTO

Leonardo: entre el saltar matinal de los perros
mientras ibas de caza por ocultos senderos,
oh Dios, se ha disparado sola tu carabina
y sobre el césped húmedo tu cuerpo está sin vida.
Los gorriones descifran el libro de la hierba
y los robles antiguos creen la vida eterna.
Un torbellino azul es el aire. Las cosas
sienten el devenir. Como un florero aroma
tu recuerdo guardado en la alcoba cerrada.
Un gorrión niño sobre la carabina canta.

ESTÁ LAVADO EL CIELO

Ángelus de monjas, su amor ya se ha callado
y mi amor en las aguas del recuerdo ha anclado
su falucho inservible. Está lavado el cielo
como un mantel de ángeles para un festín mayor.
Las acacias han dado sus campanas al vuelo,
sus campanas de seda que repican olor,
y en la nube rosada, goleta que camina,
en la vela más alta vuelve la golondrina.

Me invita el aire. Es dulce el agua de mi vaso
y mi pan es más tierno. Con la cesta en el brazo
me apresto a recoger aromáticas frutas:
uvas de vidrio como botellas diminutas
que gotean un zumo de hielo entre los dientes.
Del suelo fecundado por las lluvias frecuentes
asciende un vaho azul de paz y de alegría.
Tiene el aire del ángelus frescura de sandía
recién abierta. Soy como un niño escapado
del seminario oscuro en que estaba enclaustrado
y donde, entre los sauces, devoraba el castigo.

Delicia de encontrar la actitud de un amigo
en cada cosa: el nido que mueve su sombrero
minúsculo, la niña con su boca de cero,
la vaca de ubres rosas, el fiel perro guardián,

la mesa donde luce cual luna blanca el pan
y el aire que me brinda con su sorbo de olvido.
Este buen corazón por fin se ha arrepentido
y ha abierto castamente sus humildes moradas.
En el redil, la cerca de estacas sonrosadas
recuerda la corona de espinas del Señor.
Las acacias repican sus plegarias de olor.
Está el cielo lavado
y en mi amor para siempre su recuerdo ya ha anclado.

ELEGÍA A ABRAHAM VALDELOMAR

Invaden las parásitas la mansión del poeta.
Crecen los grandes hongos bajo la sombra quieta
y un arroyuelo sueña temblando, sin sonido.
Todo espera. El silencio despierta estremecido
en la techumbre: idilio de palomas aldeanas
o leve ala de viento que esparce hojas livianas
y hace danzar las hierbas que medran en las tejas.
No se oyen en los sauces las canciones añejas
alocadas de esquilas y flautas amorosas
y ya no van al pueblo, tras el asno, las mozas.

En las habitaciones, los muebles encantados
retienen la fragancia de los días pasados
y se alza de las cosas un sueño sin contorno.
Valdelomar hermano: todo espera un retorno.
Tu casa que refrescan suaves brisas marinas
y el camino listado de sombras campesinas
quieren oír de nuevo tus pasos familiares.
Sobre la playa orlada de espumas —azahares—
la pausada tortuga como adorno hecho en laca
y el viejo botecillo amarrado a la estaca
forman el tema simple de un lienzo provinciano
que evoca el aura eterna de tus libros, hermano.

EL CIUDADANO
DE LAS GAFAS AZULES
[1924]

EL CIUDADANO DE LAS GAFAS AZULES

Hombre contemporáneo de guerras y de aviones,
un motor presuroso lleva —¿a dónde?— mi vida.
Desenredo ciudades, barajo religiones
y no hallo en parte alguna la luz apetecida.

Inmensos rascacielos, ventanas con hangares,
¡cohetes a la luna y Calendario Obrero!
Entro con mi muestrario de sedas estelares
y mis gafas azules en la Edad del Acero.

MUERTE DE LOS ESPOSOS

La tierra con las manos extendidas recibe
la dádiva de calcio de los dos esqueletos.
Amantes en la sombra más que en la vida unidos:
no es ya para el amor su pozo de cabellos
y la larva derriba su corpóreo edificio.

Helos aquí solemnemente atentos
a lo que les murmura al oído la tierra.

—Mujer de amor: hubieras sido madre
y tu fruto estaría traspasado de sol
rodando hacia la tarde.

—Hombre de paz: le hubieras dado un hijo
y en tu pecho hormigueante
se clavaría ahora la estaca de su grito.

Emparedados dentro de la tierra
que surcan con sus largos túneles los insectos,
entre un hervor oscuro la noche les penetra.

Con el oído atento al taller subterráneo,
en la entraña florida hospedando un ser nuevo
ambos cuerpos de tierra se van desmoronando.

REGRESO A LA TRANSPARENCIA

Vuelvo al aire y al agua elementales
después de haber amado tierra y fuego
y el color y la forma de las cosas.
Vuelvo a la transparencia y al sosiego
mirando las recónditas señales:
¿qué dicen las estrellas y las rosas,
cautivas luminosas
en su prisión de frío
que custodia el rocío
con sus huestes de vidrio y de frescura?
Alta ciencia con letras de agua pura,
cosmografía de las soledades,
mapa del cielo, pávida escritura
donde leen su suerte las edades.

MICROGRAMAS
[1926]
[1940]

ORDENANDO UN UNIVERSO

Hay un matizado y cambiante universo inmediato, compuesto de pequeños seres que nuestra mano puede mover a voluntad y colocarlos en un orden más o menos armónico. En este breve universo animado, que me rodeó desde niño, pude señalar mis amistades preferidas y entregarme a una especie de juego cósmico e intrascendental, aunque significativo.

Así, al colibrí, que es un prisma volador o algo como el vagabundo espíritu de los colores, le di por compañía la araña, obrera paciente y moderadora. Y al ostión, que es la inmovilidad misma, la indiferencia rugosa, informe y embozada ante el espectáculo de las cosas, le puse al lado del caracol, que es una lección, aunque tímida, del esfuerzo y de la marcha. Y al guacamayo de mi Ecuador amazónico le hice que encendiera su fuego del paraíso, como una esperanza, junto a la tortuga, que es la paciencia bruta.

A los buenos seres que expresan su dicha en forma de olor o de aroma, les puse en unión del venado, que es el aprendiz montañés de la ligereza. De la ligereza o velocidad que también es una especie de perfume. Y a los grillos, que observan una disciplina monótona de constructores, les señalé sitio al pie de la palmera arquitectural, verde y sólida tromba del trópico.

Descubrí que los seres feos cumplen también, a su modo, una tarea bella, y que el sapo, el moscardón, el gusano, son otras tantas cifras de la clave secreta del Universo. La nieve animada del flamenco, la misantropía vegetal del cacto, el trabajo oculto de la oruga en el árbol, me condujeron, en ascendente escala cósmica, a descifrar el alfabeto de los pájaros, altos signos que mantienen el orden espiritual del planeta.

COLIBRÍ

El colibrí,
aguja tornasol,

pespuntes de luz rosada
en el tallo temblón

con la hebra de azúcar
que saca de la flor.

OSTIÓN

Ostión de dos tapas:
tu cofre de calcio
guarda el manuscrito
de algún buque náufrago.

LO QUE ES EL CARACOL

Caracol:
mínima cinta métrica
con que mide el campo Dios.

GUACAMAYO

El trópico le remienda
con candelas y oros su manto
hecho de todas las banderas.

TORTUGA

La tortuga en su estuche amarillo
es el reloj de la tierra
parado desde hace siglos.

Abollado ya se guarda
con piedrecillas del tiempo
en la funda azul del agua.

NUEZ

Nuez: sabiduría comprimida,
diminuta tortuga vegetal,
cerebro de duende
paralizado por la eternidad.

MECANOGRAFÍA

Sapo trasnochador: tu diminuta
máquina de escribir
teclea en la hoja en blanco de la luna.

ARAÑA

Araña del suelo:
charretera
caída del hombro del tiempo.

BERGSONISMO

El caracol inventa
en el alfabeto de las cosas
la penúltima letra.

Desde su celdilla,
ante el espectáculo del mundo
alarga su Y viva.

Hypsilon,
pide continuidad
el caracol.

ZOO

Flamenco:
garabato de tiza en el charco.
Movible flor de espuma
sobre un desnudo tallo.

LA LOMBRIZ

Sin cesar traza en la tierra
el rasgo largo, inconcluso,
de una enigmática letra.

GRANO DE MAÍZ

Todas las madrugadas
en el buche del gallo
se vuelve cada grano de maíz
una mazorca de cantos.

MOSCARDÓN

Moscardón: uva con alas.
Con tu mosto de silencio
el corazón se emborracha.

GOLONDRINA

Ancla de plumas
por los mares del cielo
la tierra busca.

LA PERA

El zumbel del aire no puede
hacer girar su trompo verde.

MARIPOSA

Eres un niño fajado.
Y cuando pliegas las alas:
folleto vivo del campo.

CHOPO

Moja el chopo su pincel
en la dulzura del cielo
y hace un paisaje de miel.

DEFINICIÓN
DE LA GAVIOTA

Gaviota: ceja de espuma
de la ola del silencio.
Pañuelo de los naufragios.
Jeroglífico del cielo.

PESCADO

Canuto vivo y rosado
escribe ceros de vidrio
en la redoma el pescado.

ALFABETO

Los pájaros son
las letras de mano de Dios.

HABITANTE DE LA MESETA

Venado:
tu ojo es una burbuja del silencio
y tus cuernos floridos son agujas
para ensartar luceros.

GRILLOS

Clavan su bandera azul los grillos
en el tope de la tarde
con martillitos de vidrio.

PALMERA

Más que árbol, arquitectura
a pulso de sol y viento,
la palmera es la columna
del ajimez del cielo.

RATÓN

El ratón,
oficial de taller,
se pasa fabricando
virutas de papel.

Pst… la S señorial
y la i de los libros
le gusta deletrear.

LAGARTIJA

Lagartija:
amuleto de plata
o diablillo con bocio,
criatura del alba.

Memoria de las ruinas,
fugaz mina animada,

calofrío del campo,
lagartija misántropa.

QUIROMANCIA

DESCIFRA la buenaventura
sobre las rayas de una hoja
el dedo lento de la oruga.

LAS ESTRELLAS

SON GUIJARROS DE LUZ sobre las playas
del infinito, pueblo numeroso
o capital nocturna iluminada.

Sus millares de ojos
ven el Islote de la luna helada.
¡Oh polillas del cosmos!

LA GARZA

¿CÓMO ES POSIBLE, dueña
de camisa tan alba,
que te bañes esbelta
en una impura charca?

EPITAFIO DE UN CARACOL
DE TIERRA

Pasaste tu vida
guardando la bóveda
de tu propia cripta.

LIMÓN

El limón
prisionero dichoso
en su celda de oro
se desnuda en el sol.

(¡Ser! ¡Tener una forma,
un volumen, un cuerpo
de materia feliz,
proyectar una sombra!)

LA FRESA

Para que el viento la vea
su dulce mal de la sangre
la fresa muestra la lengua.

MÚSICA ESTIVAL

En sus ascuas el verano
está asando una cigarra,
carne íntima del árbol.

CONCHA MARINA

Entre la arena, es la concha
lápida recordativa
de una difunta gaviota.

TRABAJADOR CÓSMICO

Es un celeste minero
que cava una galería
en la honda noche, el lucero.

ORUGA

Sólo conoce del mundo
la costura de las hojas
la oruga metida en su tubo.

FAMILIA FLORAL

La hortensia es un semblante;
el crisantemo, una cabeza.
Sobre el seno del agua
el loto niño sueña.

CHIMENEA

Tu resoplar acompasa el mundo,
alto buey de las ciudades.
Abrigado por tu vaho
el Dios de este siglo nace.

MANDARINA

Mandarina, mandarina:
¡cómo huele tu camisa!

Primera noche de bodas:
mandarina rubia y gorda.

Tu inocencia dura un día
mas tu olor toda la vida.

MIRABEL

El MIRABEL escribe
sobre la brisa
novelas inocentes
para las niñas.

Mirabel rosa:
tu pensamiento
se vuelve aroma.

TIERRA DE PÁJAROS

Es AMÉRICA entera
inmensurable pajarera.

En el amanecer sonoro
cada árbol es un coro.

Hay tantas alas en vuelo
que alzan América al cielo.

CUATRO MICROGRAMAS
DEL MAR

I

Barco en medio del océano,
en vaivén de sur a norte:
pareces querer saltar
la cuerda del horizonte.

II

Azulmarino hospital.
He aquí la toca blanca
y el hábito azul de la mar.

III

Campanita de las aguas,
anuncias a los delfines
la misa de las balandras.

IV

E<small>L BOTE</small> de la ola
lleva un farol de espuma.
Un pez deshace el bote
y se ahoga la luna.

LA GUIRNALDA DEL SILENCIO
[1926]

MILAGRO

Pentecostés de hojas parlantes,
Libro, guirnalda niña,
jaula con las puertas abiertas
de donde las palabras se escapan como pájaros,
canastilla que guarda
cual manzana de olor un corazón maduro
para los postres de la vida.

Libro que hace el milagro de los panes
ante el silencio absorto de los hombres
y, con los pies descalzos,
camina sin mojarse sobre el agua.
Este libro es un barco de papel
que lleva un cargamento de estrellas y de grillos
y va a anclar en algunos corazones.

Libro: golondrina que anuncia
mi primavera dentro de las casas,
cesto florido de polluelos
que volarán más tarde
sobre la cúpula del día,
itinerario de los mares altos
hacia donde le empuja
al barco de mi carne la vela del espíritu.

Este libro tiene mis ojos,
el golfo de mi frente y mi guirnalda.
En verdad os digo, hombres incrédulos,
que renuevo el milagro del padre san Dionisio
al llevar mi cabeza cortada entre las manos.

MUJER DE ESTÍO

Tu cuerpo está hecho de frutas.
Exprimes en la noche un olor a duraznos.

Tu beso va por mi garganta
hasta mi corazón, como el agua de un caño.

Tiembla toda mi piel con tu caricia
como al soplo de Dios las alfalfas del campo.

Eres una bandeja de frutas
puesta todos los días a orilla de mis labios.

LA HORA DE LAS VENTANAS ILUMINADAS
[1927]

LA HORA DE LAS VENTANAS ILUMINADAS

Desde mi sillón tatarabuelo
oigo el dulce repique de novena.
Tienen una humildad ascética las viandas
y con sus manos de humo rezan,
mientras la paloma seráfica
del silencio campestre el comedor visita.
La tarde es rosada
como un gran fruto dentro de una vitrina.

Desde mi sillón tatarabuelo
siento este sol envuelto en plumas
que acaricia mi hombro como un ala.
¡Ah, no poder calentar esta vida
cerca de un corazón, íntima estufa!
En el dulce repique de novena
el alma paralítica
posee a Dios entre las manos juntas.

EL RELOJ

Reloj:
picapedrero del tiempo.

Golpea en la muralla más dura de la noche,
pica tenaz, el péndulo.

La despierta vainilla
compone partituras de olor en los roperos.

Vigilando el trabajo del reloj
anda con sus pantuflas calladas el silencio.

IV

RETRATO DEL ESPAÑOL SANCHO DE LA CARRERA

Nos sigue su mirada que fulgura
bajo las cejas, dos agazapadas
fierecillas con lumbre de dulzura
y el mortal resplandor de las espadas.

Es de luna y espejo su armadura
que reflejó cien épicas jornadas,
y nos hablan de amor y de bravura
sus manos por azul ramal surcadas.

Amigo de un virrey, capitán de Castilla,
defendiendo a los indios con su espada
y vistiendo como ellos, de túnica sencilla,

terminó en el cadalso su aventura esforzada.
Y se expuso en la plaza de la villa
en una jaula férrea su cabeza cortada.

ROL DE LA MANZANA
[1928]

ABRIL

Tiempo en que el corazón quiere saltar descalzo
y en que al árbol le salen senos como a una niña.
Nos asalta el deseo de escribir nuestras cosas
con pluma de golondrina.

Los charcos en el campo son copas de agua clara
que arruga un aletazo o un canuto de hierba
y es el aire de vidrio una marea azul
donde el lento barquito del insecto navega.

Chapotean a gusto las sandalias del agua.
Los mosquitos parece que ciernen el silencio
y los gorriones cogen en el pico la perla
del buen tiempo.

VIDA DEL GRILLO

Inválido desde siempre,
ambula por el campo
con sus muletas verdes.

Desde las cinco
el chorro de la estrella
llena el pequeño cántaro del grillo.

Trabajador, con las antenas hace
cada día su pesca
en los ríos del aire.

Por la noche, misántropo,
cuelga en su casa de hierba
la lucecita de su canto.

¡Hoja enrollada y viva,
la música del mundo
conserva dentro escrita!

NOTICIAS DE LA NOCHE

Ha llovido por la noche:
las peras están en tierra
y las coles se han quedado
postradas como abadesas.

Todas estas cosas dice
sobre la ventana el pájaro.
El pájaro es el periódico
de la mañana en el campo.

¡Afuera preocupaciones!
Dejemos la cama tibia.
Esta lluvia le ha lavado
como una col a la vida.

UNIVERSO

Luciérnaga:
linterna diminuta que se enciende en la hierba.

En la pequeña luz su serrucho descansa
el gusano que, oculto en la encina, trabaja.

Las avispas
en sus lechos se entregan al placer como niñas.

Maese Saltamontes
compone con aromas los guisos de la noche.

Caballito del diablo vuelve a su pesebrera:
se ha apagado en el campo la saltante linterna.

LA VIDA PERFECTA

Conejo, hermano tímido, mi maestro y filósofo:
tu vida me ha enseñado la lección del silencio.
Como en la soledad hallas tu mina de oro
no te importa la eterna marcha del universo.

Pequeño buscador de la sabiduría,
hojeas como un libro la col humilde y buena,
y observas las maniobras que hacen las golondrinas,
como san Simeón, desde tu oscura cueva.

Pídele a tu buen Dios una huerta en el cielo,
una huerta con coles de cristal en la gloria,
un salto de agua dulce para tu hocico tierno
y sobre tu cabeza un vuelo de palomas.

Tú vives en olor de santidad perfecta.
Te tocará el cordón del padre san Francisco
el día de tu muerte. ¡Con tus largas orejas
jugarán en el cielo las almas de los niños!

CANCIÓN DE LA MANZANA

Cielo de tarde en miniatura
amarillo, verde, encarnado
con luceros de azúcar
y nubecillas de raso,

manzana de seno duro
con nieves lentas para el tacto,
ríos dulces para el gusto,
cielos finos para el olfato.

Signo del conocimiento.
Portadora de un mensaje alto:
la ley de la gravitación
o la del sexo enamorado.

Un recuerdo del paraíso
es la manzana en nuestras manos.
Cielo minúsculo: en su torno
un ángel de olor está volando.

CANCIÓN
DEL CONTINENTE NEGRO

Si la tarde es un navío,
la golondrina es su ancla.
Venciendo pesos celestes
el ancla se alza.

Hacia el África de la noche
parte el navío.
Despliega el viento grumete
sus velas de sombra y frío.

¿Llegó el navío? Llegó.
En el Continente Negro ha anclado,
frente a la luna que es el tronco
de un árbol de plata cortado.

CANCIÓN BREVE
DEL ESPANTAJO

E L ESPANTAJO
un tráfico de brisas
ordena en los sembrados.

Cuida en el buen sol
la uva picada,
barril del gorrión.

En el circo del campo
danza y gesticula,
vegetal payaso.

Un ladrido azul
le da el horizonte:
mordiscos de luz.

Le invitan caminos
y le burlan pájaros
a vuelos y a silbos.

Y le da el ocaso
una cruz de sombra
al espantajo.

REGISTRO DEL MUNDO
[Antología, 1922-1939]

EL OBJETO Y SU SOMBRA

Arquitectura fiel del mundo,
realidad, más cabal que el sueño.
La abstracción muere en un segundo:
sólo basta un fruncir del ceño.

Las cosas. O sea la vida.
Todo el universo es presencia.
La sombra al objeto adherida
¿acaso transforma su esencia?

Limpiad el mundo —ésta es la clave—
de fantasmas del pensamiento.
Que el ojo apareje su nave
para un nuevo descubrimiento.

SALUDO DE LOS PUERTOS

Hombre del Ecuador, arriero, agricultor
en la tierra pintada de dos climas,
conductor de ganado sobre la cordillera,
vendedor de mariscos y banano
en la costa listada de luces y de mástiles,
cultivador del árbol del caucho
y dueño de canoas en el río Amazonas,
yo te mando el saludo de los puertos
desde estos paisajes manufacturados.

Amsterdam de chocolate:
los zuecos de las barcas en el canal hortelano,
casitas peinadas y limpias
como sirvientas educadas
y un aire muy perito en la jardinería.
Hamburgo azucarado de nieve
con su pipa metida en la funda del Elba,
el lenguaje marítimo de las grúas chillonas
y la alegría naval
de los astilleros fundadores de colonias.

Marsella de barcas pintadas
con el color de los trajes de los hombres de color;
los vendedores de pescado
saben las canciones de las cinco partes del mundo

y se eriza en las mesas la piña del África
al lado del melón cosmopolita,
las aceitunas negras
y el fondo submarino
preparado en conservas.

Trenes equilibristas
sobre los puentes afilados de la noche.
El convoy atraviesa la cascada del alba.
He aquí hasta la mitad del cielo
París, el primer puerto de los hombres:
muelles del Sena con su pesca de libros,
Luxemburgo paraíso de las nodrizas,
Torre Eiffel, la jirafa de las torres.

Mi salud canta oyendo los aviones
de la primavera internacional
aserrar la madera preciosa del cielo.
Estoy en la línea de trenes del Oeste
empleado en el Registro del Mundo,
anotando en mi ventanilla
nacimientos y defunciones de horizontes,
encendiendo en mi pipa las fronteras
ante la biblioteca de tejados de los pueblos
y amaestrando el circo de mi sangre
con el pulso cordial del universo.

EL HOMBRE DEL ECUADOR
BAJO LA TORRE EIFFEL

Te vuelves vegetal a la orilla del tiempo.
Con tu copa de cielo redondo
y abierta por los túneles del tráfico,
eres la ceiba máxima del Globo.

Suben los ojos pintores
por tu escalera de tijera hasta el azul.
Alargas sobre una tropa de tejados
tu cuello de llama del Perú.

Arropada en los pliegues de los vientos,
con tu peineta de constelaciones,
te asomas al circo
de los horizontes.

Mástil de una aventura sobre el tiempo.

Orgullo de quinientos treinta codos.

Pértiga de la tienda que han alzado los hombres
en una esquina de la historia.
Con sus luces gaseosas
copia la vía láctea tu dibujo en la noche.

Primera letra de un abecedario cósmico,
apuntada en la dirección del cielo,
esperanza parada en zancos,
glorificación del esqueleto.

Hierro para marcar el rebaño de nubes
o mudo centinela de la edad industrial.
La marea del cielo
mina en silencio tu pilar.

ESPEJO DE COMEDOR

A Alfonso Reyes

Con escuadras y figuras
de cándida geometría,
el espejo de comedor
edifica.

Iza planos palpitantes
hasta su nivel azul.
Toma medida de las cosas
con sus compases de luz.

Baraja certidumbres.
Esgrime diámetros.
Enfila luces.

Hiere su regla de cristal
la botella de agua, desnuda,
y un chorro oblicuo de diamantes
mana hasta la mesa oscura.

Los objetos
mueven en los hilos del aire
su telegrafía de reflejos.

Los colores estallan.
En las aristas felices
la luz bate sus pestañas.

Piscina vertical
con diagonales de hielo.
Gemelos con la vida
los senos virginales del frutero.

Mundo animado
de resplandeciente conciencia.
Trigonometría de luces.
Visuales ideas.

La vida cortada en normas:
el salero es sapiencia;
las ostras, memoria.

La pera es escultura
en los moldes del aire;
el café, inteligencia,
y el azucarero, un ángel.

DIBUJOS DE CIUDADES
[1930]

GUAYAQUIL

Hablan del sol los portales,
las canoas de la ría
y el Astillero sin nadie.

Sólo una silueta blanca
su pregón lanza en el viento.
La luz pinta las persianas.

PAITA

El malecón de algarrobos.
Casas de amplias galerías
y un mar sin olas, mar sólido.

Montañas de arena fina.
Y lo's patillos marinos
que suenan su trompetilla.

LA HABANA

La Habana cuenta sus frutas
y planta sus chimeneas,
inmensas cañas de azúcar.

Emigran los cocoteros.
Se van el ron y la rumba
y crecen los rascacielos.

NASSAU
(Islas Bahamas)

En Nassau el día es pintor,
el aire fabrica sal
y la luz vende color.

Verde de pera es el mar,
y en la playa es un plumaje
de papagayo la ciudad.

SAINT-GEORGES

Las aves, las algas rubias
y los peces voladores
nos llevan a las Bermudas.

Faros: novios de las olas.
Palmeras, tejados blancos
y hombres color de langosta.

VIGO

ABRE LA BOCA la bahía
al ver, hasta el monte del Castro,
subir las casas en guerrilla.

Asisten miles de ventanas
a la carrera del atún
que van persiguiendo las barcas.

LA CORUÑA

UNA NOVIA en la Coruña
y una casa junto al mar:
¿existe mayor fortuna?

Junto a la playa de Orzán,
para ver pasar las velas
y los luceros nadar.

SANTANDER

No conoce el alma del viento
ni la desnudez de la mar
quien no haya visto el Sardinero

Los árboles van en dos filas
por el paseo de Pereda,
y el cielo es color de sardina.

BARCELONA

HA INVENTADO Barcelona
una sardana que bailan
las chimeneas en ronda.

Sardana del humo azul
con pausas de mar medido
y palmoteos de luz.

LA PALLICE

EL MAR, de blanco, anuncia
que está en la Isla de Re
prisionera la luna.

Una sirena de humo
grita en el horizonte
que es uno y vario el mundo.

NUEVA YORK DE NOCHE

Nueva York muestra en la sombra
sus escaleras al cielo
y sus ríos con antorchas.

Sus ventanas son crisoles
donde se convierte en luz
la esperanza de los hombres.

BIOGRAFÍA
PARA USO DE LOS PÁJAROS
[1937]

BIOGRAFÍA PARA USO DE LOS PÁJAROS

Nací en el siglo de la defunción de la rosa
cuando el motor ya había ahuyentado a los ángeles.
Quito veía andar la última diligencia
y a su paso corrían en buen orden los árboles,
las cercas y las casas de las nuevas parroquias
en el umbral del campo
donde las lentas vacas rumiaban el silencio
y el viento espoleaba sus ligeros caballos.

Mi madre revestida de poniente
guardó su juventud en una honda guitarra
y sólo algunas tardes la mostraba a sus hijos
envuelta entre la música, la luz y las palabras.
Yo amaba la hidrografía de la lluvia,
las amarillas pulgas del manzano
y los sapos que hacían sonar dos o tres veces
su gordo cascabel de palo.

Sin cesar maniobraba la gran vela del aire.
Era la cordillera un litoral del cielo.
La tempestad venía, y al batir del tambor
cargaban sus mojados regimientos;
mas luego el sol con sus patrullas de oro
restauraba la paz agraria y transparente.

Yo veía a los hombres abrazar la cebada,
sumergirse en el cielo unos jinetes
y bajar a la costa olorosa de mangos
los vagones cargados de mugidores bueyes.

El valle estaba allá con sus haciendas
donde prendía el alba su reguero de gallos
y al oeste la tierra donde ondeaba la caña
de azúcar su pacífico banderín, y el cacao
guardaba en un estuche su fortuna secreta,
y ceñían, la piña, su coraza de olor;
la banana desnuda, su túnica de seda.

Todo ha pasado ya en sucesivo oleaje
como las vanas cifras de la espuma.
Los años van sin prisa enredando sus líquenes
y el recuerdo es apenas un nenúfar
que asoma entre dos aguas
su rostro de ahogado.
La guitarra es tan sólo ataúd de canciones
y se lamenta herido en la cabeza el gallo.
Han emigrado todos los ángeles terrestres,
hasta el ángel moreno del cacao.

LAS AMISTADES COTIDIANAS

Ventanas, puertas, claraboyas: íntimas amigas,
cómplices de mi evasión de cada día,
mensajeras de un mundo claro y ágil
que pone su resplandor sobre los muebles.

La ventana es continua invitación al viaje:
su río de aire y luz desemboca en el cielo.
En sus profundidades transparentes
se ha ahogado más de un sueño.

Evita mi presencia la puerta y me da paso
con rígida actitud eterna de soldado.
No burlan su consigna
sino el día y el aire.

La claraboya me iza
con su cuerda de luz hasta el borde del cielo.
A su boca de pozo se acercan en su viaje
las nubes y los pichones domésticos.

VOCACIÓN DEL ESPEJO

Cuando olvidan las cosas su forma y su color
y, acosados de noche, los muros se repliegan
y todo se arrodilla, o cede o se confunde,
sólo tú estás de pie, luminosa presencia.

Impones a las sombras tu clara voluntad.
En lo oscuro destella tu mineral silencio.
Como palomas súbitas
a las cosas envías tus mensajes secretos.

Cada silla se alarga en la noche y espera
un invitado irreal ante un plato de sombra,
y sólo tú, testigo transparente,
una lección de luz repites de memoria.

DEFENSA DEL DOMINGO

Isla de soledades y campanas,
los días nos arrojan hacia tu acantilado,
tu cima de reposo y de candor,
tu inmensidad que surcan las horas y los pájaros.

Tu masa de luz nueva surge en medio del tiempo
y tu oro semanal repartes gradualmente
animando jardines
y volviéndonos ricos de parcelas celestes.

Como a lecho o espuma ansiada tocan
nuestros cansados pies a tu último peldaño
o conmovida cúpula con pájaros de vino
que celebran la dulce vacación de las manos.

Náufragos semanales llegamos a tus costas
a saciarnos de luces
y a buscar la palmera del reposo
o el plano del tesoro escondido en las nubes.

COSTUMBRE

Viajo a través del tiempo
en compañía incómoda de las cacerolas,
de esos muebles inválidos que se caen de sueño
y esos rostros, extraños inquilinos,
que habitan desde hace años mi memoria.

Solicitan mi mano a cada instante
monedas, estilógrafos, cucharas,
los objetos más varios y dispares,
y hasta ese ángel secreto que se ahoga
en el lloro obstinado de alguna llave de agua.

O todas esas hondas cerraduras
que en las puertas espían,
timbres sensibles como piel desnuda,
conmutadores dóciles que escamotean sombras
y disparan —insecto incandescente— el día.

Viaje sin estaciones es el mío
por un desconocido itinerario
en un vagón inmóvil donde cambian sus signos
las cacerolas limpias y el espejo,
diáfano historiador de la vida del cuarto.

UNA MONJA, LA LÁMPARA

Tus hábitos no alcanzan a ocultar
tu corazón de fuego.
Una aurora desciende de tu toca.
Tu mirada de niebla descubre un universo.
En cura de silencio y resplandor aplicas
con tus diáfanos dedos
sobre la frente un bálsamo impalpable,
enfermera del sueño.

Cuando las cosas visten su camisa de noche
tu beatitud vigila
y tu voz débil cuenta sus grutas de tesoros
nocturnas galerías
y bodegas sin nadie
y ese sudor de luna de las minas.
La sombra te vuelve ángel o paloma,
o astro domesticado o medusa cautiva.

Un palpitar de libros abiertos y de párpados
tu aparición señala.
A los muebles reclusos reconfortas
con tu presencia pálida,
y una playa de niebla con peces de fulgor
crea bajo la toca tu mirada
a la vera de un cuerpo que el sueño ata y sumerge
en su fiebre profética de rostros y palabras.

ORGULLO DEL AGUA GASEOSA

En un vértigo de oro transparente
claridad prisionera que se revuelve y sube,
o cortina de polvo herida por la luz
como una vía láctea que vive y se consume.

Y esos mundos girando en luminoso enjambre
naciendo sin cesar y deshaciéndose
en carreras de soles que atropella la prisa
con esa incertidumbre de la muerte.

¿Algún traje de seda se rasga, o es el mar
que suspira, o el viento y sus palomas?
Nacida del deshielo de un espejo
corre la transparencia en cascada gozosa.

Cabrillean miríadas de frescura
en cósmico fluir, con un ruido de arena.
En el agua gaseosa un pavo real
su cola de ojos y rumor despliega.

RÉGIMEN DE FRUTAS

La naranja es el día o la mejilla fresca,
sorbo de claridad, copa del clima;
la pera ahonda sus heridas de agua
con memoria de témpano y agujas de delicia
y los melocotones
acumulan su rubio material de alegría.

La manzana, sobrina fragante del corozo,
a morir se resiste en vano entre los dientes.
Sus congeladas lágrimas
muestran las uvas de mirada verde.
Cascabeles de azúcar,
repican sin rumor los mirabeles.

Todo el sol en redomas encerrado,
todo el aire en volúmenes vertido,
toda el agua y la tierra en vegetales moldes
penetran en mi interno laberinto
y un mundo elemental se disuelve en mi sangre
que acarrea despojos de cielo como un río.

Y apresura su viaje a bocanadas
por sus ínfimas redes

entre una geografía palpitante
de músculos y nervios sin nunca detenerse,
cambiando en luz orgánica y en azúcar de gozo
los gestos de las cosas y el esplendor terrestre.

BIOGRAFÍA SECRETA DEL HIJO

Más pesado que el mundo en la entraña te hospedas,
mucho menos que un pájaro, una espiga
o un dulce mineral que se enciende en la tierra,
apenas como pluma o grano que germina,

o como lenta sangre que va palideciendo
hasta volverse almendra transitoria,
gris almendra que crece y se nutre en su sueño
ensanchando su cáscara de sombra.

Te mueves en lo oscuro, larva, ínfimo forzado
con el presentimiento de la luz nunca vista.
Huésped de ojos cerrados
sacudes en la noche tus ligaduras vivas.

Gravedad del rostro eres y peso de la entraña,
de un cuerpo de mujer habitante interino.
Inmigrante venido de la nada
con tus manos vacías y tu dolor de siglos.

COSTUMBRE

Galería de los años;
entre altas noches iguales
los días emparedados.

He aquí lo que halla el sol:
lecho para navegar
y mesa de comedor,

calle abierta de amistad,
ventana junto al trabajo,
cuerpo listo para amar.

El árbol vuelve a vestirse.
La luz se marcha y retorna.
Cada cielo se repite.

Todo gesto humano, el tiempo
lo va copiando sin fin
en su avenida de espejos.

El mar se retira y vuelve
a abrir sus tumbas de arena
para esqueletos de peces.

Hasta el pájaro es el mismo
que dejó caer su estiércol
sobre Tobías dormido.

VISITA

Cuando instaura el verano su dictadura de oro
y su aliento de piras y de siegas,
desde el trópico viene un viento amigo
trayéndome un mensaje de palmeras.

Por mis venas los ríos van en cálido curso
arrastrando la tierra del café y de la piña,
donde madura el loro y corre la ligera
veta de plata de la lagartija.

Y el vaivén acompañan del hamaca del aire
los cocos que sacuden sus cabezas, y el cielo
boga con lentitud como una balsa
cargada de algodón y de silencio.

LA ALQUIMIA VITAL

Un viejo vive en mí fabricando mi muerte.
A su soplo se tornan en ceniza los años,
los frutos descomponen sus azúcares
y la escarcha visita mi laberinto orgánico.

Viento, agujas y pálidas sustancias
manipula este huésped emboscado.
A veces, mientras duermo, se escucha un dulce líquido
que se vierte en su cántaro.

Ha bañado mi piel con su amarilla química.
Ha moderado el clima de mi mano.
En lugar de mi rostro, el suyo con arrugas
en los espejos hallo.

Conspira en lo más hondo
donde la entraña tiembla —animal fatigado—
y entre verdes sustancias y retortas de hielo
fabricando mi muerte deja pasar los años.

PROPIEDAD

No poseo otro bien que la ventana
que quiere ser a medias campo y cielo
y en su frágil frontera con el mundo
la presencia registra de las cosas.
Una cota de malla viste el árbol,
el camino de luz es una espada,
los cascos de las parvas en guerrilla
la propiedad protegen, y divulga
el espantajo inerme entre los pájaros
su parentesco vil con el cadáver.

Baldadas pero jóvenes, apuestan
a correr con el viento las espigas.
Una espiral de polvo se desata
enlazando los árboles forzados
—complicidad del trino y de la fruta—
y en disturbio sonoro sumergiendo
la infantil geometría del sembrado.
Todo es ansia secreta que se mueve
por subsistir: el animal que pasta
y las hierbas, alumnas de la lluvia.

Es un muelle del cielo la ventana.
En sus aéreos planos inmutables
los pájaros son peces o reflejos,

la fronda es vanidad que se derrumba,
las nubes van cargadas de semillas
a lanzar sus amarras a la tierra
y son plantas y ríos sus escalas
en su cósmico viaje de ida y vuelta.

EL EXTRANJERO

Un territorio helado me rodea,
una zona impermeable y silenciosa
donde se apagan los ardientes signos
y su sentido pierden los terrestres idiomas.

Extensiones de plantas y ciudades
que anima solamente la ubicuidad del viento,
latitud abreviada por la noche,
meridianos perdidos en el mapa del sueño.

Ni un gesto de amistad del pájaro o la nube
o el gregario tejado cejijunto.
Un mudo monje verde en cada árbol habita
y un cielo sin pupilas mira el mundo.

Entre rostros cambiantes y edificios que crecen
busco la salvadora compañía,
mas esconde su fruta un hueso amargo
y me queda en las manos su forma de ceniza.

Tú, soledad perdida y recobrada,
entregas a los pájaros tu dominio sin límites
y me interno en tus íntimas provincias
custodiado de fuerzas invisibles.

Sin memoria de brújula ni terrestres idiomas,
espoleado de cielo,
vadeando soledades como ríos,
la muda geografía del planeta atravieso.

VIAJE

Unánime y azul sublevación del mar:
sus muchedumbres líquidas, sus motines de sal.

Todo un derrumbe de montañas rotas
y un súbito silencio que se vuelve gaviota.

Me voy mezclando, mar, a tus tumultos
y al cielo que se mece en tu inmenso columpio.

En grito o resplandor tu presencia se muda.
Ofrecen tus bandejas unas garzas de espuma.

Tus insectos de luz se mueven a millares
con un fluir de arenas o de astros, o de edades.

Mi cuerpo entra en el flujo de tu eterno trabajo,
oh acarreador de sal en volúmenes diáfanos,

conductor de yeguadas salvajes que galopan
hasta el mismo horizonte a la redonda,

claro aprendiz que mides el talle de las islas,
picapedrero azul de golfos y bahías,

prisionero infinito que, entre rocas y dunas,
arrastras la cadena perpetua de la espuma.

MARAVILLOSA, ACOSTUMBRADA VIDA

El baño matinal de la vajilla y el pájaro de la humedad,
el cuerno del faro que embiste bramando a la niebla,
los cestos de pescado, los gendarmes amoratados de frío,
me llaman y me empujan del último peldaño del sueño.

Y entro al día a cambiar las cosas de su sitio
ordenando en silencio mi provisión oscura,
lejos de la vista de los gorriones cuyo complot no inquieta a los
    árboles
y de los jinetes de humo que cabalgan sobre las cocinas.

En cada plato hay una estación desparramada,
en cada paso el comienzo de un camino,
en cada mano un objeto nace o se destruye.
Sucesivamente se ponen de pie las horas armadas de campanas
y los días, entre escoltas de sombra, prisioneros.

MORADA TERRESTRE

Habito un edificio de naipes,
una casa de arena, un castillo en el aire
y paso los minutos esperando
el derrumbe del muro, la llegada del rayo,
el correo celeste con la final noticia,
la sentencia que vuela en una avispa,
la orden como un látigo de sangre
dispersando en el viento una ceniza de ángeles.

Entonces perderé mi morada terrestre
y me hallaré desnudo nuevamente.
Los peces, los luceros
remontarán el curso de sus inversos cielos.
Todo lo que es color, pájaro o nombre
volverá a ser apenas un puñado de noche,
y sobre los despojos de cifras y de plumas
y el cuerpo del amor, hecho de fruta y música,
descenderá por fin, como el sueño o la sombra,
el polvo sin memoria.

PAÍS SECRETO
[1939]

ISLAS SIN NOMBRE

La canoa que vuelve
con su cosecha de algas
cuenta sobre la arena
su aventura salada.

(Bostezo interminable de las ostras.)
Los pinos se conversan,
y por todos sus ojos
espían las cortezas;

mas no ven sino cuervos,
pues éstas son sus islas,
las tierras que escondidos
cadáveres habitan,

donde hay días que reman
sin prisa al horizonte
y gusanos de luz
que comen caracoles;

ciudades en escombros
sitiadas por sus muertos;
lluvias de verde túnica
sembradoras de insectos,

y pequeñas mujeres
que se nutren de anguilas
o pescados minúsculos
de las tiernas bahías

donde el tifón desata
sus marítimos potros
los pinos abatiendo y no el gusano,
cadenilla de polvo;

islas donde el silencio
es la más alta dádiva
en la noche de cuero y de pupila
y de ataúd y de alga;

islas sordas de viento,
habitadas de sombras
como un país perdido
en la comarca gris de la memoria.

VIENTO NORDESTE

Alarmando a los árboles,
a las velas y peces,
inician secundados por sus brigadas de agua
Norte y Este sus planes de desorden terrestre;

e irrumpen las confusas caballadas del viento,
los salvajes del viento con unánime grito,
los lobos y las madres sin consuelo, el derrumbe
de los muros del viento en continuado sismo;

el oscuro redoble de su tambor errante,
su mar fantasma, rápido, devorador de leguas.
Todas las multitudes del viento congregadas
agitando en tumulto su furiosa bandera.

Cólera de cien millas, soledad hecha viento,
desolación que viaja sin tregua en el espacio.
¡Oh gran caballo cósmico
pisoteando las cosas con invisibles cascos!

Viento oliente a cadáver, pescado, adormidera:
bamboleas tu carga de sismos y de pestes.
Mayoral del espacio: tu látigo glacial
silbando sobre el mundo va anunciando la muerte.

¡Corre, corre sin fin, oh vagabundo cósmico
por campos y ciudades buscando una salida!
Tu forcejeo inmenso
rompe, agrieta y derrumba: arquitecto de ruinas.

SOLEDAD Y GAVIOTA

Cuaderno albo del mar,
la gaviota o mensaje
se despliega al volar
en dos hojas de viaje.

Su marítima hermana,
la soledad, la mira
y, en una espera vana,
en la costa suspira.

Insectos, vegetales
se enredan en el suelo:
torcidas iniciales
de un subterráneo anhelo.

Aquí, en el centro, vivo
con las aves marinas,
de mí mismo cautivo,
compañero de ruinas,

y mirando y oyendo
sólo la lluvia armada
la soledad batiendo
con su líquida espada.

SEGUNDA VIDA DE MI MADRE

Oigo en torno de mí tu conocido paso,
tu andar de nube o lento río
tu presencia imponiendo, tu humilde majestad
visitándome, súbdito de tu eterno dominio.

Sobre un pálido tiempo inolvidable,
sobre verdes familias, de bruces en la tierra,
sobre trajes vacíos y baúles de llanto,
sobre un país de lluvia, calladamente reinas.

Caminas en insectos y en hongos, y tus leyes
por mi mano se cumplen cada día,
y tu voz, por mi boca, furtiva se resbala
ablandando mi voz de metal y ceniza.

Brújula de mi larga travesía terrestre.
Origen de mi sangre, fuente de mi destino.
Cuando el polvo sin faz te escondió en su guarida,
me desperté asombrado de encontrarme aún vivo.

Y quise echar abajo las invisibles puertas
y di vueltas en vano, prisionero.
Con cuerda de sollozos me ahorqué sin ventura
y atravesé, llamándote, los pantanos del sueño.

Mas te encuentras viviendo en torno mío.
Te siento mansamente respirando
en esas dulces cosas que me miran
en un orden celeste dispuestas por tu mano.

Ocupas en su anchura el sol de la mañana
y con tu acostumbrada solicitud me arropas
en su manta sin peso, de alta lumbre,
aún fría de gallos y de sombras.

Mides el silbo líquido de insectos y de pájaros
la dulzura entregándome del mundo
y tus tiernas señales van guiándome,
mi soledad llenando con tu lenguaje oculto.

Te encuentras en mis actos, habitas mis silencios.
Por encima de mi hombro tu mandato me dictas
cuando la noche sorbe los colores
y llena el hueco espacio tu presencia infinita.

Oigo dentro de mí tus palabras proféticas
y la vigilia entera me acompañas
sucesos avisándome, claves incomprensibles,
nacimientos de estrellas, edades de las plantas.

Moradora del cielo, vive, vive sin años.
Mi sangre original, mi luz primera.
Que tu vida inmortal alentando en las cosas
en vasto coro simple me rodee y sostenga.

POLVO, CADÁVER DEL TIEMPO

Espíritu de la tierra eres, polvo impalpable.
Omnipresente, ingrávido, cabalgando en el aire
cubres millas marítimas y terrestres distancias
con tu carga de rostros borrados y de larvas.

¡Oh, sutil visitante de las habitaciones!
Los cerrados armarios te conocen.
Despojo innumerable o cadáver del tiempo,
tu ruina se desploma como un perro.

Avaro universal, en huecos y en bodegas
tu oro ligero, inútil, amontonas sin tregua.
Coleccionista vano de huellas y de formas,
les tomas la impresión digital a las hojas.

Sobre muebles y puertas condenadas y esquinas,
sobre pianos, vacíos sombreros y vajillas
tu sombra o mortal ola
extiende su cetrina bandera de victoria.

Sobre la tierra acampas como dueño
con las legiones pálidas de tu imperio disperso.
¡Oh roedor, tus dientes infinitos devoran
el color, la presencia de las cosas!

Hasta la luz se viste de silencio
con tu envoltura gris, sastre de los espejos.
Heredero final de las cosas difuntas,
todo lo vas guardando en tu ambulante tumba.

ZONA MINADA

I

Tus cabellos son la muerte en el trópico, las hormigas
    gigantes.
Tus cabellos voraces como el incendio o el naufragio
a orillas de tu rostro con frutas y agua fresca.
Tu garganta es un árbitro
que separa a dos desnudos atletas.
Tus brazos son dos nadadores friolentos
y en tus manos se mueven dos patrullas que te escoltan y sirven.
En tus senos hay una balanza que tiembla.
Se duerme a la redonda de tu vientre un remanso
girando hacia el remolino de tu ombligo.
En tu cintura hay una gacela.
En tu grupa, un caballo.
En tus muslos, dos alfanjes y dos tigres que se desperezan.
Tus piernas son dos rutas que conducen
a dos plazas gemelas,
y en tus pies se alinean diez arqueros
y hay dos peces, dos hongos y dos lenguas.

Cumplo la voluntad
secreta de la tierra,
para siempre encerrado en tu sellada cárcel
donde conviven cándidas aves, una pantera

y unos seres peludos y recónditos
que con hierbas salvajes de las islas preparan
los sudores y espinas
de mi sedienta muerte cotidiana.

II

Traes un olor de islas
o de monstruosa flora con velludas arañas.
Tu voz arrastra un río que ondula entre guijarros
y en tus ojos aúlla una perra encelada.
Tu cuerpo turba como un licor áspero
—fuertes piernas con vello dulce y vivo,
istmo de tu cintura ahorcada entre dos golfos—
tu cuerpo modulado como un largo alarido.
Del talón a tu frente sube el trópico
pesando grandes frutas en ágiles balanzas.
Tu presencia clandestina me empuja
al combate del hombre y su fantasma.

Eres profunda como el llanto o el incendio,
o el cuerpo de una res despellejada viva,
o la indefensa espalda del viajero demente
devorado por las hormigas,
o la fiebre, o las bestias que se aman entre cactos,
o la sangre corriendo en caliente tumulto,
o la respiración del clavel aplastado
por un gran pie desnudo.

NADA NOS PERTENECE

Cada día el mismo árbol rodeado
de su verde familia rumorosa.
Cada día el latir de un tiempo niño
que el péndulo mece en la sombra.

El río da sin prisa su naipe transparente.
El silencio camina a un inminente ruido.
Con sus deditos tiernos
la semilla desgarra sus pañales de limo.

Nadie sabe por qué existen los pájaros
ni tu tonel de vino, luna llena,
ni la amapola que se quema viva,
ni la mujer del arpa, dichosa prisionera.

Y hay que vestirse de agua, de dóciles tejidos,
de cosas invisibles y cordiales
y afeitarse con leves despojos de palomas,
de arcoíris y de ángeles.

Y lavar el escaso oro del día
contando sus pepitas cuando el poniente herido
quema todas sus naves y se acerca la noche
capitaneando sus oscuras tribus.

Entonces hablas, Cielo:
tu alta ciudad nocturna se ilumina.
Tu muchedumbre con antorchas pasa
y en silencio nos mira.

Todas las formas vanas y terrestres:
el joven que cultiva una estatua en su lecho,
la mujer con sus dos corazones de pájaro,
la muerte clandestina disfrazada de insecto.

Cubres toda la tierra, hombre muerto, caído
como una rota jaula
o cascarón quebrado
o vivienda de cal de una monstruosa araña.

Los muertos son los monjes de la orden
de los anacoretas subterráneos.
¿La muerte es la pobreza suma
o el reino original reconquistado?

Hombre nutrido de años y cuerpos de mujeres:
cuando Dios te espolea te arrodillas
y sólo la memoria de las cosas
pone un calor ya inútil en tus manos vacías.

SOLEDAD HABITADA

La soledad marina que convoca a los peces,
la soledad del cielo, herida por las alas,
se prolongan en ti sobre la tierra
soledad despoblada, soledad habitada.

Las hojas de árbol solas, cada una en su sitio,
saben que les reservas una muerte privada.
No te pueden tragar, a mordiscos de música,
con su boca redonda el pez y la guitarra.

Cargada de desierto y de poniente
andas sobre el planeta, de viento disfrazada,
llenando cuevas, parques, dormitorios
y haciendo suspirar a las estatuas.

A tu trampa nos guías
con tu lengua de pájaro o lengua de campana.
En tu red prisioneros para siempre
roemos el azul de la infinita malla.

Te hallas en todas partes, Soledad,
única patria humana.
Todos tus habitantes llevamos en el pecho
extendido tu gris, inmensurable mapa.

OCTUBRE

Octubre: nuez, manzana de los meses.
Tu madurez fulgura
en las últimas mieses,
ruinas de una dorada arquitectura.

Tu carne aérea, tu ala desplegada
laten en plumas frías.
Ave inmensa, cazada,
servida en un festín treinta y un días.

Los números terrestres son iguales
en tu niveladora y final cuenta:
hojarascas —caídos ventanales—,
nueces —leve osamenta—.

De tanta fruta vana, rodadora
y hoguera pisoteada
apenas queda ahora
tu íntima brasa, almendra concentrada.

Octubre de reserva y de justicia
y de sombrío paño
que sucede al color de la delicia,
oh poniente del año.

Después de nueve meses de camino
llegas, la pompa anual desvanecida,
mercader vespertino
con tu peso y medida.

EL VISITANTE DE NIEBLA

Sepultura del tiempo:
dejé en ti mi cadáver de veinte años
bajo tierra de flores y amuletos
y cáscaras de días devorados.

Amuleto de amor fue la manzana,
amuletos la luz, la llave, el barco,
la gaviota y el pez, dispensadores
de una vida sin nubes, viaje mágico.

Le vestí a mi cadáver de estaciones
y sobre la guitarra del pasado
recliné su cabeza vendada de ciudades
lucientes como bálsamos.

Puse a su lado nombres de otras épocas,
los rostros ya de sombra enmascarados
y le dejé vivir su larga muerte
en un clima de lluvia, de maíz y caballos.

La tierra memorable cede ahora.
Joven mío, ¿no estás bien sepultado?
¿Tu mano es esta mano que se mueve
buscando entre las ruinas esqueletos de pájaros?

Visitante de niebla
venido de un país de fechas y retratos:
Te sientas a mi mesa nodriza y hortelana,
vestido unos instantes con mi traje de ocaso.

Fantasma familiar, compareces al punto
por un signo, una voz o una forma llamado.
Sólo un caballo y una rosa guardan
tu sepultura de años.

INVENTARIO DE MIS ÚNICOS BIENES

La nube donde palpita el vegetal futuro,
los pliegos en blanco que esparce el palomar,
el sol que cubre mi piel con sus hormigas de oro,
la ideografía de una calabaza pintada por los negros,
las fieras de los bosques del viento inexplorados,
las ostras con su lengua pegada al paladar,
el avión que deja caer sus hongos en el cielo,
los insectos como pequeñas guitarras volantes,
la mujer vista de pronto como un paisaje iluminado por un
    relámpago,
la vida privada de la langosta verde,
la rana, el tambor y el cántaro del estómago,
el pueblecito maniatado con los cordeles flojos de la lluvia,
las patrullas perdidas de los pájaros
—esos grumetes mancos que reman en el cielo—,
la polilla costurera que se fabrica un traje,
la ventana —mi propiedad mayor—.
los arbustos que se esponjan como gallinas,
el gozo prismático del aire,
el frío que entra en las habitaciones con su gabán mojado,
la ola de mar que se hincha y enrosca como el capricho de un
    vidriero,
y ese maíz innumerable de los astros
que los gallos del alba picotean
hasta el último grano.

LUGAR DE ORIGEN
[1945-1947]

LUGAR DE ORIGEN

Yo vengo de la tierra donde la chirimoya,
talega de brocado, con su envoltura impide
que gotee el dulzor de su nieve redonda,

y donde el aguacate de verde piel pulida
en su clausura oval, en secreto elabora
su sustancia de flores, de venas y de climas.

Tierra que nutre pájaros aprendices de idiomas,
plantas que dan, cocidas, la muerte o el amor
o la magia del sueño o la fuerza dichosa,

animalitos tiernos de alimento y pereza,
insectillos de carne vegetal y de música
o de luz mineral o pétalos que vuelan,

capulí —la cereza del indio interandino—,
codorniz, armadillo cazador, dura penca
al fuego condenada o a ser red o vestido,

eucalipto de ramas como sartas de peces
—soldado de salud con su armadura de hojas,
que despliega en el aire su batallar celeste—

son los mansos aliados del hombre de la tierra
de donde vengo, libre, con mi lección de vientos
y mi carga de pájaros de universales lenguas.

TRIBUTO A LA NOCHE

Niegas, oh testaruda, lo que el día ha afirmado
y, después de su muerte, de las cosas te adueñas.
Tus sacos de carbón abarrotan sin término
la universal bodega.

Tu gran cuerpo de sombra en el mundo no cabe,
nebuloso animal nutrido de guitarras,
y distraes el tiempo de tu prisión terrestre
borrando los caminos y devorando lámparas.

Entras a todas partes, habitante del cielo,
y te instalas sin ruido entre nosotros
o te quedas mirándonos detrás de las ventanas
con tus tiernos ojillos eternos y remotos.

Caminante puntual, nodriza de campanas,
vas metiendo en tu fardo los seres y las cosas.
Me ofreces tu enlutado palacio, y me reclino
en tu almohada de sombra.

EL VIAJE INFINITO

Todos los seres viajan
de distinta manera hacia su Dios:
La raíz baja a pie por peldaños de agua.
Las hojas con suspiros aparejan la nube.
Los pájaros se sirven de sus alas
para alcanzar la zona de las eternas luces.

El lento mineral con invisibles pasos
recorre las etapas de un círculo infinito
que en el polvo comienza y termina en el astro
y al polvo otra vez vuelve
recordando al pasar, más bien soñando
sus vidas sucesivas y sus muertes.

El pez habla a su Dios en la burbuja
que es un trino en el agua,
grito de ángel caído, privado de sus plumas.
El hombre sólo tiene la palabra
para buscar la luz
o viajar al país sin ecos de la nada.

TRES ESTROFAS AL POLVO

Tu roce de ceniza va gastando las formas,
hermano de la noche y la marea.
Envuelves todo objeto en una muerte anónima
que es tan sólo un regreso a su origen de tierra.

Escalas sin ser visto muros y corredores.
Palidecen los trajes ahorcados
en sus perchas de sombra y los relojes
cesan súbitamente de vivir a tu paso.

Clandestino emisario de las ruinas,
modelas en las cosas tu máscara terrestre.
Nada puede escapar a tu parda conquista,
aliado innumerable de la muerte.

AQUÍ YACE LA ESPUMA
[1948-1950]

AQUÍ YACE LA ESPUMA

La espuma, dulce monja, en su hospital marino
por escalones de agua, por las gradas azules
desciende hasta la arena con pies de luna y lirio.

¡Oh Santa revestida con vellones de oveja!
Les dan una final cura de cielo
a las rocas heridas tus albísimas vendas.

¿De dónde tanta nieve caminante,
tantas flores saladas
y despojos de cirios y camisas de ángeles?

¡Oh monja panadera! De cristalinos hornos
fríos de eternidad, sacas infatigable
tus grandes panes blancos y esponjosos.

Despliegas el mantel de un festín de infinito
en donde el horizonte, en su plato de nubes,
sirve el manjar del sueño y del olvido.

También, obrera nívea, eres enterradora:
llevas hasta la arena en paletadas
montones de cadáveres de pálidas gaviotas.

Ruedan sobre la orilla tus vanas esculturas
que pronto se deshacen
en un mármol soluble, en ingrávidas plumas.

Móvil, caída nube, al chocar con la tierra
expiras, pero se alza entre las rocas
cual fantasma gaseoso tu presencia.

Arremangado el manto sonante, casta monja
recorres suspirando
tu plantación errante de magnolias.

¿Con material de garzas y medusas
tu flotante y blanquísimo cimiento
va a sostener acaso la ideal arquitectura?

¡Frontera del abismo, guardada por palomas!
Tu ejército nevado avanza hacia la tierra
¡oh monja capitana! en batallas de aurora.

En la arena o las rocas hallas tu fresca tumba;
mas vuelves a nacer a cada instante
y sin pausa atesoras en las conchas tu albura.

De las fieras del mar balsámica saliva
acaricia tus plantas de cristal y de hielo,
¡Santa Espuma, difunta en las gradas marinas!

JUAN SIN CIELO

Juan me llamo, Juan Todos, habitante
de la tierra, más bien su prisionero,
sombra vestida, polvo caminante,
el igual a los otros, Juan Cordero.

Sólo mi mano para cada cosa
—mover la rueda, hallar hondos metales—,
mi servidora para asir la rosa
y hacer girar las llaves terrenales.

Mi propiedad labrada en pleno cielo
—un gran lote de nubes era mío—
me pagaba en azul, en paz, en vuelo
y ese cielo en añicos: el rocío.

Mi hacienda era el espacio sin linderos
—oh territorio azul siempre sembrado
de maizales cargados de luceros—
y el rebaño de nubes, mi ganado.

Labradores los pájaros: el día
mi granero de par en par abierto
con mieses y naranjas de alegría.
Maduraba el poniente como un huerto.

Mercaderes de espejos, cazadores
de ángeles llegaron con su espada
y, a cambio de mi hacienda —mar de flores—,
me dieron abalorios, humo, nada...

Los verdugos de cisnes, monederos
falsos de las palabras, enlutados,
saquearon mis trojes de luceros,
escombros hoy de luna congelados.

Perdí mi granja azul, perdí la altura
—reses de nubes, luz recién sembrada—,
¡toda una celestial agricultura
en el vacío espacio sepultada!

Del oro del poniente perdí el plano
—Juan es mi nombre, Juan Desposeído—.
En lugar del rocío hallé el gusano,
¡un tesoro de siglos he perdido!

Es sólo un peso azul lo que ha quedado
sobre mis hombros, cúpula de hielo...
Soy Juan y nada más, el desolado
herido universal, soy Juan sin Cielo.

LECCIÓN DEL ÁRBOL, LA MUJER Y EL PÁJARO
[1950]

I

COLUMNA EN MEMORIA
DE LAS HOJAS

¿Qué lección insinúas en las rocas,
oh pino de tus hojas desvestido?
Todo raíz y altura, galas pocas,
en la lumbre del cielo confundido.

Absorbiste el espacio por mil bocas,
a cuervos y palomas diste nido.
Hoy, con tu pie de espectro sólo tocas
la región del gusano y del olvido.

Mendigo del azul, rey del poniente,
es tu estación final tan encendida
que la luz se levanta de tu frente.

Insensible al verdor, perfecta vida
ya columna de paz únicamente
en memoria a las hojas erigida.

II

FORMAS DE LA DELICIA PASAJERA

El pájaro y el fruto: forma pura,
cárcel uno de miel y flor del vuelo
el otro, en una altísima aventura
como un cáliz de plumas por el cielo.

Prisioneros los dos de su hermosura
que acaba nada más en sombra y hielo
ya gustado el tesoro de dulzura,
ya el puñado de plumas en el suelo.

Fruto cogido, inerte ave viajera,
canto y color del mundo mutilados,
formas de la delicia pasajera.

En un destino idéntico apresados,
escapar en su aroma el fruto espera
y el pájaro en sus vuelos deslumbrados.

III

ÁRBOL DE LUZ TU CUERPO

Tú, la mayor, la excelsa forma humana
flor del planeta, suma luminosa

del ala, del azul, de la mañana,
de la rosa escondida en cada cosa.

Árbol de luz tu cuerpo, ave y campana,
tu dulce voz rompió su fruta hermosa.
Venciste, de palomas capitana,
la soledad del hombre con tu rosa.

Ya el árbol por el fuego consumido,
la fruta ya campana de ceniza,
ya la campana, hueso de sonido,

tu presencia de música perdura,
paso de aroma y eco entre la brisa,
luz sobre la derruida arquitectura.

IV

LENGUAJE ELEMENTAL

Tu vegetal idioma de rumores,
oh bosque, padre inmenso del rocío,
y tu errabunda lengua azul, oh río,
que nombra los terrestres esplendores;

Tu dulce esfera breve, fruto mío,
los párpados y labios de las flores:
todo nos habla en formas y colores
y sonidos que pueblan el vacío.

¿Qué escribe sobre el polvo ese gusano?
¿Qué trata de advertirnos ese grito
de pájaro que cruza el infinito?

La clave de la vida está en tu mano:
goza, aprende el lenguaje que te ofrece
el mundo elemental, después perece.

TORRE DE LONDRES

Noble longevidad de piedra y niebla:
¡oh piedra como niebla endurecida,
un mundo fantasmal tu sueño puebla,

tu sueño que es más largo que la vida
de los hombres...! ¡Oh muros levantados
contra la muerte hipócrita, escondida

que lima las poternas y candados
y hace palidecer las armaduras
por igual de los reyes y soldados!

Torre inmortal, sepulcro de aventuras,
molino de la gloria y las edades,
en tu polvo final de sepulturas

mezclas armas, diademas, vanidades,
púrpuras de conquistas y banderas
de naufragios, cenizas de ciudades...

Contigo hay otras torres prisioneras
de los siglos, las nubes, los humanos
y del agua que roe las maderas,

Torre sangrienta, en lengua de romanos
y normandos dialogan tus arcadas
con los muertos obispos anglicanos

que sus pasos de sombra por las gradas
arrastran hacia un Támesis de olvido
entre un fulgor de antorchas y de espadas.

*

¡Pide paz a la Biblia, bucanero!
Reina de niebla, fue tu reino un mito
y tu corona sólo un áureo cero.

Antes de terminar tu manuscrito
te libertó la muerte, prisionero:
el hacha te hizo rey del infinito.

¡Oh torre de la sal, torre de ciencia!
Aquí se filtran duques congelados
por los muros llorando su demencia.

Las nubes nos vigilan, condenados
prisionero y guardián a igual sentencia
en la terrestre cárcel encerrados.

SEÑAS DEL PARQUE SUTRO

DONDE NACE ENTRE LOS ÁRBOLES una familia de yeso.
Donde el cielo y el mar montan una guardia azul.
Donde la eternidad sentada sobre una tumba de aves
cambia horas de oro, tiempo amonedado,
en vana calderilla de minutos.
Donde los hongos hinchan el cuello para cantar
y se vuelven todo orejas.
Donde la fuente recomienza su pequeña lluvia local
mojando el rostro de piedra de Lincoln,
lágrimas sobre la historia.
Es el agua que roe los antros verdes donde habitan
la soledad anfibia y el Sueñosaurio.

Nadie pregunte por qué hay tantos árboles y pájaros en esta cárcel,
por qué encrespan ciertas flores su cólera angélica,
por qué sube el vino al rostro de la rosa,
por qué las palomas tratan de reunir en vano
sus dispersos pedazos de estatua,
por qué entre las risas de las ramas secas
la araña, errante mano mínima, pulsa un arpa de polvo.

Las campanas pasan ondeando sus largas sábanas
y el día al partir olvida un hombre sobre un banco,
solitaria guitarra de cal
en la que tiempla el cielo el bordón de la sangre.

En esta prisión donde se anda libremente
no es permitido arrojar cáscaras de sueños
ni subirse a los árboles
ni gritar hasta que se tapen la cara las ardillas
ni comer peces que nadie ve como el pez del zodiaco,
o pronunciar palabras
que causen la muerte repentina de las perdices
o la sordera incurable de los hongos.

PRISIÓN HUMANA
[1950]

I

MUNDO CON LLAVE

Estaba cerrado como el sueño de una bellota
o ese reloj turbio que el pez muerto tiene por ojo
cuando entra la niebla en las pescaderías
e inclina las balanzas con sus manos de sal
guardando las luces en su caja de caudales.

Como el agua que engulle flor, animal o piedra
con apetencia igual
y se cierra enseguida, oh transparente máscara inmutable,
o el espejo que sueña en alguien que lo habite
y reserva su fondo lacustre para esos hombres pálidos
que se visten en la gris sastrería del crepúsculo.

Estaba cerrado como un anillo o una llama
donde entrar no es posible sin salir prontamente
aunque la cabeza del mártir conserva la ceniza
preparándose para la vacación final,
su domingo más grande que los otros
o día convertido ya en estatua,
monumento a los días.

Mas, no llamé al furioso perro encantado
que en el jardín habita disfrazado de rana
contando las pisadas del húsar difunto.

No llamé a nadie para que echara abajo la puerta con llave
porque hubiera caído la tapa del cofre del pirata
volviéndose sus onzas goterones de miel
o escarabajos muertos en el polvo.

Estaba cerrado como el sueño primero de una piedra
o la jaula de palomas de un fanal
o el fanal y la jaula minerales de una cabeza humana.
Todas sus partes completaban la clausura
con la gravedad de los acantilados rodeando una isla
o un ejército guardando una fortaleza.

Estaba cerrado el número del guijarro y la nube,
sellada la alcancía de memorias y de años,
el saco de las cosas bien atado y sin rótulo.
Yo había para siempre extraviado la llave
de la almeja, la luna y la toronja
y eran vanas las señas de un tenaz dios de espuma
mostrándome su oráculo en la arena.

II

LA LLAVE DEL MAR

Aquí está tu llave, hipocampo,
tu húmeda llave de nácar
para abrir los cofres azules del océano
que ruedan en la arena con su carga,
los cofres donde el alga pone su sello verde,

los cofres llorosos de antigüedad y sal
con sus lomos que chocan entre sí
nutridos de tormenta y despojos eternos.

Aquí está tu llave, hipocampo,
para la lencería celeste de la espuma,
para las lámparas a media luz de las esponjas,
para el cáliz de candor de la medusa,
para los amuletos herrumbrosos de los moluscos
guardadores de astros,
para el mantón con flecos de los líquenes,
para el coral que enciende su candelabro,
para la placa fría de la estrella de mar
o condecoración final del ahogado.

Aquí está tu llave de nácar
que liberta a un fantasma de su prisión marina
haciéndole subir las gradas de los años
cargado de cadáveres, tesoros y gaviotas.
Su rostro conocido lo va borrando el agua
con sus peces o dedos modelando la sombra
que cruza con prudencia el cangrejo ermitaño.
¿Es un grito de pájaro o un grito de mujer
que vierte entre despojos de las profundidades
su ácido funeral de campana, su caldo de naufragios?

Me da acceso a la cueva memorable
tu breve llave de nácar, hipocampo.

DE NADA SIRVE LA ISLA

¿DE QUÉ SIRVE EMBARCARNOS en una guitarra
canoa de la soledad
—de la soledad salida de madre—
con la quinina de la luna para el mal de los trópicos,
huyendo de ese saurio que nos sigue
por la corriente turbia de los días
y que acecha el minuto del naufragio?
De nada sirve la isla coronada de hojas y de plumas
en cuya arena el agua toma el molde de las pisadas
porque encontraremos la moneda de plomo o el día acuñado
en donde la muerte ha puesto su efigie.

De nada sirves, rosa
que en tu eje estás torneando una llama sin prisa,
de nada tú, diamante o mineral araña de fulgores,
de nada, frescas borlas o alfileteros del sicomoro
con los que se sujeta la pesada y dulce tapicería de la tarde.
De nada sirven, tierra, tus piedrecillas de colores
porque el cielo guarda un obstinado silencio
y el río repite sin cesar
con paladar de líquido y de sombra
una idéntica sílaba mojada.

De nada sirve el caballo para huir del fuego fatuo
que cabalga a la grupa con el viento,

de nada la coraza de las campanas
contra los mandobles del cielo.
Inútil el farol al que la tormenta estrangula sobre el acantilado.
Inútil el día festivo en el orfanato de los hombres grises
uniformados de soledad,
o la escalera a la que la sombra sustrae dos o tres peldaños.
De nada sirves, guitarra, de nada
porque te hundirás en el oleaje de la música
y nuestro día estará esperándonos de pie en el arrecife.

VIAJE DE REGRESO

Mi vida fue una geografía
que repasé una y otra vez,
libro de mapas o de sueños.
En América desperté.

¿Soñé acaso pueblos y ríos?
¿No era verdad tanto país?
¿Hay tres escalas en mi viaje:
soñar, despertar y morir?

Me había dormido entre estatuas
y me hallé solo al despertar.
¿Dónde están las sombras amables?
¿Amé y fui amado de verdad?

Una geografía de sueño,
una historia de magia fue.
Sé de memoria islas y rostros
vistos o soñados tal vez.

Sobre el botín del universo
—fruta, mujer, inmensidad—
se echaron todos mis sentidos
como ebrios corsarios del mar.

En un puerto, joven desnuda,
forma cabal, por fin te hallé:
en tu agua grande, estremecida,
yo saciaba mi humana sed.

Luego fue la niña de trigo,
fue la doncella vegetal;
mas, siempre, desde cada puerta
me llamaba la Otra eternal.

Desde la nieve a la palmera
la tierra de ciudades vi.
Dios limpiaba allí las ventanas
y nadie quería morir.

Vi la seca tierra del toro
—postrer refugio del azul—
y el país donde erige el pino
su verde obelisco a la luz.

¿Soñé ese rostro sobre el muro,
esa mano sobre mi piel,
ese camino de manzanas
y palomas, soñé, soñé?

¿Las bahías cual rebanadas
de una sandía de cristal
y sus islas como semillas
fueron un sueño y nada más?

¿Ceniza mortal este polvo
que se adhiere aún a mis pies?
¿No fueron puertos sino años
los lugares en donde anclé?

En los más distintos idiomas
sólo aprendí la soledad
y me gradué doctor en sueños.
Vine a América a despertar.

Mas de nuevo arde en mi garganta
sed de vivir, sed de morir
y humilde doblo la rodilla
sobre esta tierra del maíz.

Tierra de frutas y de tumbas,
propiedad única del sol:
vengo del mundo —¡oh largo sueño!—
y un mapa se enrolla en mi voz.

LAS FORMAS PASAJERAS

No es la campana, altísima corola
que el perfume del tiempo
destila gota a gota;
no es el ardiente insecto
que anuncia la presencia del verano
con su fugaz y azul relampagueo;
no es la rama que esconde con mano verde un nido,
monedero de pájaros,
fortuna alada que se cuenta en trinos;
ni es tu dádiva fría
oh noche que al final de un festín de agua
dejas sobre la hierba
tus lucientes migajas.

No es la arquitectural y esbelta espiga
que erige contra el viento,
apilando astros mínimos, dorada torrecilla.
No es la abeja pesada,
bala de oro y de miel
que el verano dispara.
Tampoco es la paloma
que divulga en su albura y su gemido
los secretos de amor de las alcobas,
ni el tembloroso enjambre de luceros
—rocío en la nocturna

telaraña del cielo—;
ni este árbol con su carga, mundo verde
su firmamento roto en fulgores o pájaros
y su tronco ante mí, rayo terrestre
devuelto hacia el azul, ramificado.

No es el nido: es la abeja.
No es la abeja: es el agua
siempre lista a partir
desatando sus lágrimas.
No es el agua: es la noche o el lucero,
los exiliados pájaros
vencidos aborígenes del cielo,
o la espiga, el insecto o la campana;
pero no es nada de eso: es la gaviota
de plata y de ceniza, que pinta mi deseo
y que luego disuélvese en la sombra.
¡Fugaz amor y forma pasajera!
Miseria de las cosas, pronto usadas,
sin color enseguida
muertas ya, apenas vistas o evocadas.

LA LLAVE DEL FUEGO

Tierra equinoccial, patria del colibrí,
del árbol de la leche y del árbol del pan:
de nuevo oigo tus grillos y cigarras
moviendo entre las hojas
su herrumbrosa, chirriante maquinaria.
Yo soy el hombre de los papagayos:
Colón me vio en la isla
y me embarcó en su nave de frutas y tesoros
con los pájaros indios para Europa.
Un día, aconsejado por el alba,
desperté las campanas del siglo xix
y acompañé a Bolívar y sus mendigos héroes
por los países húmedos del eternal verano,
pasé entre la ventisca gris de la cordillera
donde anida el relámpago en su cueva de plata
y más allá hacia el sur
hacia el círculo máximo del ecuador de fuego
hasta las capitales de piedras y de nubes
que están cerca del cielo y del rocío.

Yo fundé una república de pájaros
sobre las armaduras de los conquistadores
ya oxidadas de olvido, al pie del bananero.
Sólo resta allí un casco entre la hierba
habitado de insectos como un cráneo vacío

roído eternamente por sus remordimientos.
Me aproximo a las puertas secretas de este mundo
con la llave del fuego
arrancada al volcán solemne como un túmulo.

Te miro bananero como a un padre.
Tu alta fábrica verde, alambique del trópico,
tu fresca tubería no descansa
de destilar el tiempo, transmutando
noches en anchas hojas, los días en bananas
o lingotes de sol, dulces cilindros
amasados con flores y con lluvia
en su funda dorada como abeja
o como piel de tigre, olorosa envoltura.

Me sonríe el maíz y habla entre dientes
un lenguaje de agua y de rocío,
el maíz pedagógico que enseña
a contar a los pájaros en su ábaco.
Yo hablo con el maíz y el guacamayo
que conocen la historia del diluvio
cuyo recuerdo nubla la frente de los ríos.
Los ríos adelante corren, siempre adelante
ciñendo, a cada roca, rizada piel de oveja,
hacia los litorales de tortugas,
sin olvidar su origen montañés y celeste
a través del imperio vegetal donde late
la selva con su oscuro corazón de tambor.
¡Oh, mar dulce, Amazonas, y tu fluvial familia!
Disparo mi emplumada flecha o ave mortal
a tu más alta estrella
y busco mi luciente víctima entre tus aguas.

Tierra mía en que habitan razas de la humildad
y el orgullo, del sol y de la luna,
del volcán y del lago, del rayo y los cereales.
En ti existe el recuerdo del fuego elemental
en cada fruto, en cada insecto, en cada pluma,
en el cacto que muestra sus heridas o flores,
en el toro lustroso de candelas y noche,
el mineral insomne bebedor de la luz
y en el caballo rojo que galopa desnudo.
La sequedad arruga los rostros y los muros
y en la extensión de trigo va alumbrando el incendio
su combate de gallos de oro y sangre.

Yo soy el poseedor de la llave del fuego,
del fuego natural llave pacífica
que abre las invisibles cerraduras del mundo,
la llave del amor y la amapola,
del rubí primordial y la granada,
del cósmico pimiento y de la rosa.
Dulce llave solar que calienta mi mano
extendida a los hombres, sin fronteras:
al de la espada pronta y del guijarro,
al que pesa en balanzas la moneda y la flor,
al que tiende un mantel a mi llegada
y al cazador de nubes, maestro de palomas.

¡Oh, tierra equinoccial de mis antepasados,
cementerio fecundo,
albergue de semillas y cadáveres!
Sobre las momias indias en vasijas de barro
y los conquistadores en sus tumbas de piedra

surcando las edades en su viaje eternal
en compañía sólo de algún insecto músico,
un cielo igual extiende su mirada de olvido.
Zarpa un nuevo Colón entre las nubes
mientras estalla, breve fuego mudo,
la pólvora celeste del lucero
y los inquietos gritos de los pájaros
son oscuras preguntas al ocaso.

FAMILIA DE LA NOCHE
[1952-1953]

FAMILIA DE LA NOCHE

I

Si entro por esta puerta veré un rostro
ya desaparecido, en un clima de pájaros.
Avanzará a mi encuentro
hablándome con sílabas de niebla,
en un país de tierra transparente
donde medita sin moverse el tiempo
y ocupan su lugar los seres y las cosas
en un orden eterno.

Si contemplo este árbol, desde el fondo
de los años saldrá una voz dormida,
voz de ataúd y oruga
explicando los días
que a su tronco y sus hojas hincharon de crepúsculos
ya maduros de hormigas en la tumba
donde la Dueña de las Golondrinas
oye la eterna música.

¿Es con tu voz nutrida de luceros,
gallo, astrólogo ardiente,
que entreabre la cancela de la infancia?
¿O acaso es tu sonámbula herradura,
caballo anacoreta del establo,

que repasa en el sueño los caminos
y anuncia con sus golpes en la sombra
la cita puntual del alba y del rocío?

Estación del maíz salvado de las aguas.
La mazorca, Moisés vegetal en el río,
iba a lavar su estirpe fundadora de pueblos
y maduraba su oro protegido por lanzas.
Parecían los asnos
volver de Tierra Santa,
asnos uniformados de silencio
y de polvo, vendiendo mansedumbre en canastas.

Grecia, en el palomar daba lecciones
de alada ciencia. Formas inventaban,
celeste geometría,
las palomas alumnas de la luz.
Egipto andaba en los escarabajos
y en los perros perdidos que convoca la noche
a su asamblea de almas y de piedras.
Yo, primer hombre, erraba entre las flores.

En esa noche de oro
que en pleno día teje la palmera
me impedían dormir, Heráclito, tus pasos
que sin fin recomienzan.
Las ruinas aprendían de memoria
la odisea cruel de los insectos,
y los cuervos venidos de las rocas
me traían el pan del evangelio.

Un dios lacustre andaba entre los juncos
soñando eternidades
y atesorando cielos bajo el agua.
La soledad azul contaba pájaros.

Dándome la distancia en un mugido
el toro me llamaba de la orilla.
Sus pisadas dejaban en la tierra
en cuencos de agua idénticos, muertas mitologías.

En su herrería aérea las campanas
martillaban espadas rotas de la Edad Media.
Las nubes extendían nuevos mapas
de tierras descubiertas.
Y a mediodía, en su prisión de oro,
el monarca de plumas
le pedía a la muerte que leyera
el nombre de ese Dios escrito sobre la uña.

Colón y Magallanes vivían en una isla
al fondo de la huerta
y todos los salvajes del crepúsculo
sus plumajes quemaban en la celeste hoguera.
¿Qué queda de los fúlgidos arneses
y los nobles caballos de los conquistadores?
¡Sólo lluvia en los huesos carcomidos
y un relincho de historia a medianoche!

En el cielo fluía el Amazonas
con ribereñas selvas de horizonte.
Orellana zarpaba cada día

en su viaje de espumas y tambores
y la última flecha de la luz
hería mi ojo atento,
fray Gaspar de las nubes, cronista del ocaso
en esa expedición fluvial del sueño.

Por el cerro salía en procesión la lluvia
en sus andas de plata.
El agua universal pasaba la frontera
y el sol aparecía prisionero entre lanzas.

Mas el sordo verano por sorpresa
ocupaba el país a oro y fuego
y asolaban poblados y caminos
Generales de polvo con sus tropas de viento.

II

Tu geografía, infancia, es la meseta
de los Andes, entera en mi ventana
y ese río que va de fruta en roca
midiendo a cada cosa la cintura
y hablando en un lenguaje de guijarros
que repiten las hojas de los árboles.
En los montes despierta el fuego planetario
y el dios del rayo come los cereales.

¡Alero del que parten tantas alas!
¡Albarda del tejado con su celeste carga!
El campo se escondía en los armarios
y en todos los espejos se miraba.

Yo recibía al visitante de oro
que entraba, matinal, por la ventana
y se iba, oscurecido, pintándote de ausencia
¡alero al que regresan tantas alas!

En esa puerta, madre, tu estatura
medías, hombro a hombro, con la tarde
y tus manos enviaban golondrinas
a tus hijos ausentes
preguntando noticias a las nubes,
oyendo las pisadas del ocaso
y haciendo enmudecer con tus suspiros
los gritos agoreros de los pájaros.

¡Madre de la alegría de la tierra,
nodriza de palomas,
inventora del sueño que consuela!
Madrugadores días, aves, cosas
su desnudez vestían de inocencia
y en tus ojos primero amanecían
antes de concurrir a saludarnos
con su aire soleado de familia.

Imitaban las plantas y los pájaros
tus humildes afanes. Y la caña de azúcar
nutría su raíz más secreta en tu sien,
manantial primigenio de dulzura.
A un gesto de tus manos milagrosas
el dios de la alacena te entregaba sus dones,
Madre de las manzanas
y del pan, Madre augusta de las trojes.

¡Devuélveme el mensaje de los tordos!
No puedo vivir más sin el topacio
del día ecuatorial.
¡Dame la flor que gira desde el alba al ocaso,
yacente Dueña de las Golondrinas!
¿Dónde está la corona de abundancia
que lucían los campos? Ya sólo oro
difunto en hojarasca pisoteada.

III

Aquí desciendes, padre, cada tarde
del caballo luciente como el agua
con espuma de marcha y de fatiga.
Nos traes la ciudad bien ordenada
en números y rostros: el mejor de los cuentos.
Tu frente resplandece como el oro,
patriarca, hombre de ley, de cuyas manos
nacen las cosas en su sitio propio.

Cada hortaliza o árbol,
cada teja o ventana, te deben su existencia.
Levantaste tu casa en el desierto,
correr hiciste el agua, ordenaste la huerta,
padre del palomar y de la cuadra,
del pozo doctoral y del umbroso patio.
En tu mesa florida de familia
reía tu maíz solar de magistrado.

Mas la muerte de pronto
llegó al patio espantando las palomas

con su caballo gris y su manto de polvo.
Azucenas y sábanas, entre luces atónitas,
de nieve funeral
el dormitorio helaron de la casa.
Y un rostro se imprimió para siempre en la noche
como una hermosa máscara.

Es el pozo, privado de sus astros,
noche en profundidad, cielo vacío.
Y el palomar y huerta ya arrasados
se llaman noche, olvido.
Bolsa de aire no más, noche con plumas
es el muerto pichón. Se llama noche
el paisaje abolido. Sólo orugas habitan
la noche de ese rostro yacente entre las flores.

ELEGÍA A PEDRO SALINAS

Nimbo de tu cabeza, aves de California
¡Jacob, Jacob! gritaban en lengua de la Biblia.
Identidad del mundo: en los bosques de América
pájaros de la tierra prometida
saltando por peldaños de follaje
de la escala de sueños o el cedro milenario
que une tumbas con nubes
te hicieron exclamar: ¡Todo es más claro!

Más claro el vino en lágrimas en tu mesa de huésped,
más claros el gusano en la manzana
y el camino de hormigas
directo al corazón de la guitarra.
El cordero vendido al peso por las manos
del ángel frigorífico, el pan desnudo, muerto
cortado con espada cada día:
todo más claro, el mundo ya sin velos.

Por peñascos de focas y por playas
de doradas doncellas que madura el verano
buscaste la bahía sin memoria,
paseante solitario
y hallaste entre la arena un Góngora de espuma
y en el pez huidizo la lengua de Quevedo.
¡Oh candil y reloj del señor de la Torre
de Juan Abad: la vida y la cifra del tiempo!

Inefable doctor de las ardillas
del parque de Yosemite, profesor de palomas
en Nevada o el reino de la blancura máxima.
En Baltimore, en Iowa —la de yeguas de sombra—,
en ciudades lacustres y en los verdes Estados
sentáronse a la mesa las universidades
a gustar tu palabra, tu herencia de molinos
bien cocida en el horno de los ángeles.

¡Gran señor del sillón de cuero y del geranio,
desterrado en el mundo de las máquinas
con tu carga de cisnes sobre el hombro,
potentado de flores y de fábulas!
Un rascacielos con mil ojos de oro
dio su sombra de criba al agua de tu canto,
¡entre los habitantes iguales del panal
y de los nichos, Hombre Numerado!

¡Cuántas veces te vi cautivo anónimo
en la celda de hielo
del ascensor subir, subir sin rumbo
buscando en tus bolsillos el azul amuleto,
el talismán hispánico perdido
entre guías de trenes, llaves, gafas
o entre dulces retratos de familia
y misivas con sellos de tu España!

Héroe del amor al cáliz único
y vivo hasta ser ascua
de muerte y vida juntas, tu propia Vidamuerte
indisoluble, eterna desposada.

En su fuego cociste tu alimento de nardos
y de sueños, celeste especería.
Tus manos estrujaron al final de la cena
tu corazón partido, tu naranja sanguínea.

Conducían en triunfo al Cero, vil monarca,
los esbeltos caballos de los números
cuando tu pie descalzo de emigrado
llegó al umbral del laberinto oscuro.
De un golpe entró en tus ojos Madrid con sus geranios:
¡venía a visitarte la muerte desde España!
Ahora, en tu gran siesta de pastor de las nubes
contemplas tu país más claro en la luz alta.

DICTADO POR EL AGUA

I

Aire de soledad, dios transparente
que en secreto edificas tu morada
¿en pilares de vidrio de qué flores?,
¿sobre la galería iluminada
de qué río, qué fuente?
Tu santuario es la gruta de colores.
Lengua de resplandores
hablas, dios escondido,
al ojo y al oído.
Sólo en la planta, el agua, el polvo asomas
con tu vestido de alas de palomas
despertando el frescor y el movimiento.
En tu caballo azul van los aromas,
soledad convertida en elemento.

II

Fortuna de cristal, cielo en monedas,
agua, con tu memoria de la altura,
por los bosques y prados
viajas con tus alforjas de frescura
que guardan por igual las arboledas
y las hierbas, las nubes y ganados.

Con tus pasos mojados
y tu piel de inocencia
señalas tu presencia
hecha toda de lágrimas iguales,
agua de soledades celestiales.
Tus peces son tus ángeles menores
que custodian tesoros eternales.

III

Doncel de soledad, oh lirio armado
por azules espadas defendido,
gran señor con tu vara de fragancia,
a los cuentos del aire das oído.
A tu fiesta de nieve convidado
el insecto aturdido de distancia
licor de cielo escancia,
maestro de embriagueces
solitarias a veces.
Mayúscula inicial de la blancura:
de retazos de nube y agua pura
está urdido tu cándido atavío
donde esplenden, nacidos de la altura,
huevecillos celestes de rocío.

IV

Sueñas, magnolia casta, en ser paloma
o nubecilla enana, suspendida
sobre las hojas, luna fragmentada.

Solitaria inocencia recogida
en un nimbo de aroma.
Santa de la blancura inmaculada.
Soledad congelada
hasta ser alabastro
tumbal, lámpara o astro.
Tu oronda frente que la luz ampara
es del candor del mundo la alquitara
donde esencia secreta extrae el cielo.
En nido de hojas que el verdor prepara,
esperas resignada el don del vuelo.

V

Flor de amor, flor de ángel, flor de abeja,
cuerpecillos medrosos, virginales
con pies de sombra, amortajados vivos,
ángeles en pañales.
El rostro de la dalia tras su reja,
los nardos que arden en su albura, altivos,
los jacintos cautivos
en su torre delgada
de aromas fabricada,
girasoles, del oro buscadores:
lenguas de soledad, todas las flores
niegan o asienten según habla el viento
y en la alquimia fugaz de los olores
preparan su fragante acabamiento.

VI

¡De murallas que viste el agua pura
y de cúpula de aves coronado
mundo de alas, prisión de transparencia
donde vivo encerrado!
Quiere entrar la verdura
por la ventana a pasos de paciencia,
y anuncias tu presencia
con tu cesta de frutas, lejanía.
Mas cumplo cada día,
Capitán del color, antiguo amigo
de la tierra, mi límpido castigo.
Soy a la vez cautivo y carcelero
de esta celda de cal que anda conmigo,
de la que, oh muerte, guardas el llavero.

LAS ARMAS DE LA LUZ

I

EL DÍA ALZADO en armas
gira a mi alrededor: ¡oh cerco de oro
seguido por la azul caballería
del horizonte en trance de palabra
o de vocal redonda eternamente!
¡Del paladar de nubes oh bostezo
o suspiro entre rocas amarillas
y emboscados ejércitos solares!
Me entrego al sitiador esplendoroso,
prisionero de sombra sin combate,
rendido a la evidencia meridiana
omnipresente en árbol, roca, insecto,
paraíso terrestre renovado
cada día del mundo, sin la fábula,
en las cosas dispersas libremente
cuya sola presencia es un mensaje
en idioma de luz que me penetra.
La luz hace nacer todas las formas,
extranjera venida de la altura
en visita a la tierra cada aurora,
palabra de lo eterno repetida
hasta el fin de los siglos siempre virgen,
más vieja sin embargo que las piedras

o que los animales o las plantas,
Madre del universo pasajera
de planeta en planeta que, por turno,
se animan al amor de su mirada.

II

La luz mira: existo. La luz mira
en torno mío todo hasta el guijarro
y cada árbol reafirma su existencia
por sus hojas sumisas que se bañan
en la total mirada de la altura.
Un río lleva en su alma esa mirada
que borrar con azul en vano intentan
piedrecillas o ramas que se hunden
y hacen sólo surgir entre las aguas
la forma del gran Ojo que se abre
al turbar la dormida transparencia.
Horizonte de rocas o molares
de Dios, en donde habita la palabra
profunda "más allá", vocablo de oro
en la hueca garganta de distancia.
Ya comprendo la lengua de lo eterno
como de lo lejano y lo escondido
porque la luz ha entrado meridiana
en mi cuerpo de sombra hasta los huesos,
tubería de cal por donde sopla
la música del mundo, el tierno cántico
de la familia universal de seres
en la unidad terrena, planetaria
de su común origen: la luz madre.

III

Translúcida la avispa prisionera
en su ámbito floral, comprueba al vuelo
su libertad medida, su dominio
cercado por las huestes vegetales
y en su mundo de sol gira gozosa
angélica en su cielo de hojas y aire
y fabrica dulzura sin descanso
con materia de luz su oro gustoso,
guardiana de su mágica alquitara,
con su lanza de fuego va volando
minúscula amazona, miel armada.
Avispa cazadora y mensajera,
cínifes transparentes como el aire,
insectos de la luz, familia diáfana
o signos de una efímera escritura
en texto natural para los pájaros
que leen entre silbos, tragan letras
caídas en la hierba o seres vivos,
jinetes desmontados en la guerra
de siglos que comienza cada día,
guerra civil terrestre de gusanos
que devora el Gran Mirlo de la sombra.

IV

Sólo es luz emplumada el colibrí,
luz con alas o mínima saeta
que las flores se lanzan una a otra
al corazón de aroma y de rocío.

Le ve pasar el aire en un relámpago
de pedrería cálida, volante
astilla de vitral, reflejo de agua
fugaz en el espejo del espacio
que le mira, incansable pasajero,
ir y venir, imagen de la prisa
entre la lentitud grave del mundo
en la solar batalla meridiana
y buscar vanamente la flor Única
en su breve estación sobre la tierra
hasta que el pico encuentra en la corola
el azúcar secreto de la muerte.
Mas la herencia del pájaro difunto
se reparten insectos y raíces
y el color de las alas va a los frutos
miniaturas de sol, planetas dulces,
y de allí nuevamente en pulpa de oro
o en sangre vegetal, licor nutricio,
a la tribu del aire y de la pluma
en un ciclo infinito de animales
y semillas, de insectos y de plantas
que comanda la luz, la luz suprema.

V

Amistad de las cosas y los seres
en apariencia solos y distintos
pero en su vida cósmica enlazados
en oscura, esencial correspondencia
más allá de sus muertes, otras formas

del existir terrestre a grandes pasos
hacia el gris mineral inexorable.
Su alimento de luz para ese tránsito
cada día del mundo lo recogen
—desde el pez que lo cambia en plata pura
hasta la golondrina que lo esconde
bajo el tejado, paja a paja de oro,
o el peral en sus pálidas redomas—
todos los seres de agua, tierra y aire,
especies interinas, vestiduras
mortales, sucesivas, de lo eterno.
En la escala que sube del guijarro
a la escama, a la hoja y a la pluma,
una armonía pávida interroga
dividida en millares de preguntas
que repiten los ecos papagayos.

VI

¡Cielo entre cuatro rocas solas: háblame!
Tu boca desdentada ya modula
el tremendo secreto meridiano.
Mente sin nubes, diáfana conciencia,
transmíteme la idea en llama pura.
Tu elocuencia de miel solar me envuelve
y nace en mí la fúlgida evidencia.
¿Quién soy? ¿En dónde estoy? El mediodía
me circunda con su oro, mina inmensa.
Soy soldado del lirio y de la avispa
y servidor simétrico del mundo:

tengo un ojo de sol, otro de sombra,
un punto cardinal en cada mano
y ando, miro y trabajo doblemente
mientras dos veces peso en la balanza
cerebral en secreto
el vinagre y la miel de cada cosa.
Mido el tiempo, el color, mi metro aplico
a lo que me rodea, mas no veo
más allá de las nubes, se me escapan
la música y la luz entre los dedos.

VII

Obeso mediodía, de topacios
nutrido, siempre ardiente de sed alta,
soberano absoluto de un imperio
de doradas arenas infinitas:
tu batalla ganada la contempla
la azul caballería
del horizonte, lista a entrar en fuego.
¡Oh frescas emboscadas de la sombra
para apresar las huestes meridianas
en sus trampas de vidrios y de insectos!
Allí donde hay un árbol o una fuente
pende o flota una víctima radiosa.
Mas el oro del cielo
en ofensiva unánime
de cornetas solares y de viento
ocupa el territorio. Libres andan
en el gran campamento de la luz

los hombres en recreo de cautivos
entre los que ando solo, con mi avispa,
mis dos sombras —la grande y la del suelo—,
mi costumbre de hablar a cada cosa
y beber sorbo a sorbo el tiempo inmenso
hasta que el día entero se consume,
y veo amontonarse en el ocaso
las armas de la luz ensangrentadas.
En mi morada oscura
vuelvo a escuchar al hombre del espejo
que habla conmigo a solas,
me mira e interroga frente a frente,
en eco me responde en mi lenguaje
y se asemeja a mí más que yo mismo.

TRANSFORMACIONES

Mi trabajo se trueca en dos ventanas
a la calle, en diez metros de terreno,
en un plato de luna cada noche
y un bostezo de cántaros vacíos.

Todos los días para mí son lunes:
siempre recomenzar, pasos en círculo
en torno de mí mismo, en los diez metros
de mi alquilada tumba con ventanas.

El mundo abandoné por una silla
eterna donde cumplo
mi trabajo de abeja y de fantasma
que cambia los suspiros en monedas

para comprar el sol cada domingo
y guardar mi país en un armario,
encontrar el amor en la escalera,
oponer un paraguas al relámpago.

Mi trabajo se trueca en una calle
vendedora de rostros por hileras,
entre casas que saben de memoria
el color de las ropas y las nubes.

Inspector de ventanas,
me pierdo por la calle de los signos:
cada día es un viaje de ida y vuelta
hacia ninguna parte, hacia la noche.

NUEVOS POEMAS
[1955]

INVOCACIÓN A GÓNGORA

Góngora, el universo es tu bodega
donde ordenas las cosas a tu guisa,
Capellán de las aves y la brisa,
Tesorero de estrellas en talega.

Confesor de las flores en camisa,
Prelado de la nube que navega:
el alma de las cosas se te entrega
al caer en la red de tu sonrisa.

Góngora, explorador de soledades
de la tierra y el mar, dame la mano,
condúceme a las altas claridades

donde la luz circunda cada objeto
con nimbo de cristal, y el mundo vano
descubre fugazmente su secreto.

LA MESA SERVIDA

La porcelana heráldica de contornos sonoros
sonríe al candelabro sobre el mantel de lino,
nieve que multiplican las copas en sus coros
de cristal donde lucen los rubíes del vino.

Sobre el aparador despiertan los tesoros.
Dialogan el frutero y el jarrón florentino.
En torno de unos ciervos acumula sus oros
el bosque encarcelado dentro de un gobelino.

¿Qué personajes ríen en las doradas sillas,
paladean la luz en breves cucharadas,
conversan en espera de ignotas maravillas?

Los quietos ciervos oyen entre ramas bordadas
voces de cazadores, ladridos de traíllas
que llegan al sonar las doce campanadas.

INVOCACIÓN A LA PALABRA

Palabra:
que seas
almendra
sin cáscara,

o pomo
de esencia,
moneda
de oro.

Celdilla
de abeja:
encierra
la vida.

Abeja:
fabrica
delicias
eternas.

Sé alondra
del alba,
no momia
ni lápida.

No seas
fantasma
o jaula
de niebla.

Sé espejo:
refleja
la tierra
y el cielo,

o cuerno
de caza:
levanta
los ciervos
del alma,

las cosas
del mundo
más puro
sin sombras.

Sé aljaba
de flechas
certeras,
palabra,

pintura
con fondo
no adorno
de espuma.

Sé forma
ceñida,
sortija
de boda.

Exacta
medida
del mundo:
palabra.

LOS TERRÍCOLAS

Os DIGO: nuestro siglo es fabuloso.
Crepúsculo del Hombre
sitiado por millares de terrícolas
sin ojos para ver nubes o flores,
sólo nutridos de oro,
incapaces de oír la música del mundo,
aprendices o larvas del Autómata próximo.

Terrícolas que entierran las estatuas,
emparedan los libros,
echan al mar las llaves del planeta,
desconocen el lirio,
todo ponen en venta, hasta el claro de luna,
proclaman el mundial degüello de los cisnes
como materia prima para una nueva industria.

Terrícolas iguales en su gesto y ropaje
y por dentro vacíos,
negadores del sol, seres de sombra,
falanges del bostezo y del olvido,
sublevación inmensa
contra el Hombre y su mundo de amor y maravilla
para instaurar el reino de las Palabras Huecas.

El reino de los cielos con máquinas volantes,
el reino de las músicas mecánicas
y las Casas Idénticas
—desmesuradas tumbas con pisos y ventanas—
el Reino Sordomudo
obediente a señales y cifras luminosas,
palpitantes avispas de los muros.

No existen manantiales
en la Ciudad Terrícola.
En moradas de vidrio
la sed eterna habita.
La sed huye en torrentes de automóviles
hacia constelaciones de neón y regresa
en su ronda mortal de insectos de colores.

¡Oh siglo fabuloso!
El planeta contempla la agonía
de los últimos hombres
acosados sin fin por los terrícolas
dinámicos, idénticos
que avanzan sepultando los cuadros y los libros,
fortaleza final de los humanos sueños.

HOMBRE PLANETARIO
[1957]

MONEDA DEL FORASTERO

I

Amigo de las nubes,
forastero perdido en el planeta
entre piedras ilustres, entre máquinas
reparto el sol del trópico en monedas.

Ciudadanos de niebla, hombres del vino
y del disfraz azul, de la alcancía
y del dios de los números:
yo leo en vuestras máscaras floridas.

Manjar de espinas con sazón de hielo
me brindáis cada día. Nada os pido,
cínicos hospederos de este mundo,
guardianes de un incierto paraíso.

Mercaderes de avispas:
soy hombre de los trópicos azules.
Os espío por cuenta de la luna.
Soy agente secreto de las nubes.

II

Domingo de la tierra: hombres en vacaciones
aun en mayor número que las hierbas del campo.
Las manos se reparten el sol, la sombra, el cielo.
Cada uno recibe su parte de domingo.

Los árboles descubren su misión de frescura.
Se engalanan las nubes con vestidos de fiesta.
Las niñas y los viejos cantan bajo las ramas.
Las parejas se besan en todos los caminos.

El sol en rebanadas alcanza para todos,
mas no llega a mis manos. Me alimento de sombras.
Impar soy. Ignorado. En mí escucho una voz:
—¿Qué buscas, extranjero, solo en medio del mundo?

Extravié el talismán que transforma el desierto
en un lecho de flores. Me desdeña la rosa,
imagen reducida del fuego del hogar.
La soledad me sigue como un perro sin dueño.

Yo busco una mirada de fuente y de techumbre.
Yo busco un paladar de palacio encantado,
una mano que pliegue su ala sobre mi hombro.
Yo busco mi ración terrenal de domingo.

MUSEO UNIVERSAL

I

Venid a ver al Louvre cómo se quema el hombre
en vasijas de polvo donde humea la especie,
en artefactos, muelas de los siglos.
Sube por los peldaños invisibles
con su velada faz de sombra el ídolo
riendo en las pinturas y brocados
desde la piedra al vidrio
iluminado de las catedrales,
desde el sexo a la máquina.

Venid a ver la sopa ensangrentada
del argelino vendedor de alfombras
teñidas con su verde corazón de higo chumbo.
Venid a disparar melocotones
contra el recinto de Eva, nodriza de soldados.
Ved el diente que roe la pintura
y descubre la llaga del planeta.

II

Aquí los encarnados menestrales acuden
con su aliento de lluvia, se sientan a la mesa,
cortan su indignación en rebanadas

y su cólera esparcen con el vino.
Entre todos devoran en el plato
la sombra de su madre a dentelladas.

Aquí las floreadas vestiduras
caminan por los parques, suben las escaleras,
permanecen inmóviles, rodeadas de palomas.
Nadie hay dentro del gran cáliz de tela
que se pliega a la orilla del espejo.
En cada alcoba yace
sólo una estatua hueca.

Dadles al suelo, al aire una moneda,
una moneda al poste y a la silla
y unas onzas de luna a la portera.
Hay que pagar la entrada de este cielo gratuito,
de este museo libre, omnipresente
en donde se pasean las estatuas vestidas
vendiendo peces, flores,
el amor por pulgadas, la eternidad por horas.

III

Venid, comprad la música, repartid el ocaso,
bebed en la terraza toda la luz por copas
y gustad de la lluvia hasta el pez íntimo.
El agua celestial se lleva la pintura
del domingo, gran día de la tierra.
¡Oh vejez de este mundo de campanas
y esqueletos de árboles sin lenguas!

Se alza entre los escombros
sólo la calva azul de la Basílica,
huevo de Dios, translúcido,
henchido de limosnas y de alas.

Hay que pagar la entrada de este jardín recluso,
la ventana, el estanque prisionero,
la silla del descanso —o destierro entre flores—.
Hay que comprar la rosa y el rocío,
el aire vaso a vaso, el agua gota a gota,
la nube al peso sin contar sus plumas,
la soledad del mundo por hectáreas.

Venid a ver el lienzo del poniente,
la calle de mil años, más gris que el pergamino.
Todo es historia antigua: el estiércol del pájaro
mancilla el monumento.
Sólo bosteza el polvo en las vasijas
—calaverillas ínfimas del polvo—,
suma final de formas y colores.
Ved el diente que roe cada objeto
hasta mostrar el hueso del planeta.

INVECTIVA CONTRA LA LUNA

Yo podría decir: Luna, fruto de hielo
en las ramas azules de la noche.
Pero tantos sollozos se esconden en las piedras,
tantos combates mudos se libran en la sombra,
que yo digo: La luna es sólo un pozo
de llanto de los hombres.

Tantas lágrimas ruedan por las tumbas,
tantas lágrimas corren por el hambre
de ojos ya sin edad, desde hace siglos,
que la lluvia no cesa sobre el mundo
y yo veo tan sólo la harina de la luna
y su plato vacío y su mortaja.

Yo podría decir: La luna es una mina
de plata fabulosa,
la luna de paseo va con sus guantes blancos
a coger margaritas. Pero hay tantos difuntos
sin flores, tantos niños con las manos heladas
que yo digo: La luna es el Polo del cielo.

Bruja azul, encantaba el sueño de los hombres,
inventaba el primer amor de las doncellas,
andaba por los bosques con chinelas de vidrio
en los tiempos felices. La luna era una almohada

de plumas arrancadas a los ángeles
para dormir la eternidad celeste.

Luna: arroja tu máscara en el agua,
reparte tus harinas, tus sábanas, tus panes
entre todos los hombres.
No seas sólo un pozo de lágrimas, un témpano
o un islote de sal, sino un granero
para el hambre infinita de la tierra.

MEDITERRÁNEO

Cabra, oscura nodriza,
dame tu leche de astros
al pie de las columnas que conciertan un himno
a la gloria del mar y del árbol nervudo
vencedor de Milón de Crotona. El pelícano
me confía el secreto de las islas
donde peces y flores arrastran a las naves
a su naufragio eterno.

Las olas disfrazadas de corderos
pacen junto a las ruinas
y muge el toro antiguo
aliado del cerezo
o Argos vegetal de ojos de sangre.

Viña: dame en tu mano sarmentosa
el pezón de cristal, la hoja ilustre
ornamento de vírgenes.
Adiós, nubes rizadas,
frisos del cielo. Adiós, altas aves de mármol.
Llego a la vieja patria del papiro,
paraíso de tumbas: el maní
descansa, breve momia, en su sarcófago
y los escarabajos
son uñas esmaltadas de la muerte.

En su balanza, el hombre de cabeza de pájaro
pesa, como hace siglos, el aceite,
las lecciones humanas, las momias de los panes.

Viajo desde la vid al cedro y a la higuera,
desde la estatua al templo y la pirámide
y regreso del pozo del profeta
con el plato de dátiles
a tu país, Helena.
En tu cuerpo maduran los panales
y hay ascuas de dulzor bajo la harina.
Eres la viva artesa
donde amaso mi pan de amor de cada día.
Tentación de las formas,
mundo de miel solar y de metamorfosis,
¿me pides renunciar por tu cesto de frutas
a la paz de mi imperio sin fronteras?

Columnas, cedros, viñas,
instante, día o siglo
son a la postre ruinas.
En el umbral del mundo del olivo
la presencia fugaz de la luciérnaga
es volandera cifra
del humano destino:
¡luz y conocimiento
atesorar durante la existencia
para resplandecer sólo un momento!
Mar de fábula: muéstrame tu población de vidrio,
tus peces y tus dioses pasajeros que escuchan
su sentencia en el grito del pelícano.

AUROSIA

Todo es oro en Aurosia, el remoto planeta
donde las noches áureas son más claras que el día.
Los seres que lo habitan, más humanos que el hombre,
viven en paz cavando sus auríferas minas.

Planeta venturoso. Nuevo Mundo sin fieras
ni miedo, sin vejez ni angustia de la mente.
Jóvenes de cien años, vigorosos y lúcidos
en los jardines de oro van a esperar la muerte.

Todo es libre en Aurosia: el agua, el aire, el suelo.
Hasta el trigo es silvestre y el pan es para todos.
Máquinas silenciosas andan, cavan, construyen,
producen luz, transforman en mil cosas el oro.

Aurosia es un planeta de gigantes magnánimos
siempre risueños: forman una sola familia,
una sola nación sin inventos de muerte,
y es de color de sol su bandera pacífica.

Nautas de los espacios, visitan otros mundos
y el mapa de los cielos conocen de memoria.
Amigos de las aves y los ínfimos seres
cultivan flores de oro con manos amorosas.

Adanes del azul, más perfectos que el hombre,
dueños de un paraíso planetario
donde las madres siempre son jóvenes y vírgenes
en su reino de fuentes, de manzanas y pájaros.

Las mujeres de Aurosia tienen un cuerpo de oro.
Son cántaros de miel con gargantas de música.
En sus hombros de luz y en sus senos de ídolos
hay flores en balanzas, hay metales y plumas.

Desde Aurosia, los niños pueden mirar la Tierra
y saben nuestra historia increíble: las razas
que se odian, la sed del oro, la conquista
y exterminio de pueblos al filo de la espada.

¡Tierra: planeta viejo, atrasado en el cosmos
con millones de años, refugio de los seres
más primarios y mínimos del universo, hormigas
del azul, debatiéndose bajo el pie de la muerte!

La distancia entre Aurosia y la Tierra se mide
no sólo en años-luz a través de la nada
sino en años-amor, en siglos de ternura.
No es capaz el terrícola de salvar la distancia.

Aurosia, Nuevo Mundo sin ofidios ni flechas:
el gozo de vivir corre en tus manantiales.
Nadie ha visto una lágrima en la historia de Aurosia.
(Hay una en el museo, convertida en diamante.)

Los árboles de Aurosia dan más frutos que hojas
cuatro veces al año. Hay cuatro lunas llenas
en el cielo sin nubes,
y se ven cuatro veces más astros que en la Tierra.

TALLER DEL TIEMPO
[1958]

TALLER DEL TIEMPO

Herrero del otoño: forja mi corazón,
da forma a su racimo en tu yunque de oro.
A cada golpe gime el metal del olvido.
Al soplo de la fragua arden hasta las nubes.

Soy un hombre vestido de hojas secas.
Mi pecho abriga líquenes de fuentes extinguidas.
El pájaro hablador de otro tiempo cantaba:
"El mundo es tuyo. Tómalo. La luz marca tu frente".

Yo te grité mi amor, Naturaleza impávida,
ciega de ojos azules, sorda de nube y rocas.
Nada me diste, sólo la deseada manzana:
un mes de paraíso, cien años de serpiente.

Nada más que el arco iris en su jaula de lluvia
y la rosa que expira en su cruz de perfume.
El mundo entero gime en el yunque otoñal.
El fuego inexorable consume la hojarasca.

Bosque andrajoso, pierdes tus remiendos dorados
por obra del otoño, mal aprendiz de sastre.
Un reloj de corteza mide el tiempo del árbol.
El mirlo anuncia el juicio final de las hormigas.

Ablanda, forjador otoñal, en el yunque
mi corazón forrado del metal del olvido.
Dale una oscura forma de escarcela de lágrimas.
A cada golpe tiembla un nido de palomas.

A cada golpe tiembla mi corazón atado
a su yunque en la última hoguera de la tarde.
Las brasas esparcidas arden en las ventanas.
Sobre mi frente el tiempo avienta las cenizas.

LA SEMILLA

En su cueva de tierra la semilla interroga,
prisionera inocente, la razón de su encierro.
Es oscura su cárcel transitoria.
Por salir a la luz todo en ella trabaja
y al fin su brazo verde agujerea el suelo.

Brazo verde que buscas el aire de la altura,
la libertad del sol, la embriaguez de la vida:
mi corazón imita en su clausura
tu florecer secreto, tu labor silenciosa
y sólo es una planta rastrera que germina.

Semilla, eres la imagen del hombre en cautiverio,
el tiempo de un suspiro o de un sueño terrestre,
una estación apenas de la flor y del beso
hasta que un brote asoma a la luz alta
y el limo se transforma en una tumba fértil.

El corazón y el grano se extinguen en el surco,
mas de nuevo en su fruto se esconde otra semilla.
¡Oh ciclo de la vida: fin y comienzo juntos!
En la semilla un dios vive encerrado,
el dios que multiplica los frutos y los días.

LA CIFRA

En el orbe del cero
duerme el dios de los números,
pequeño dios que crea
de la nada los mundos.

¿Ilusión? En miríadas
la unidad multiplica.
Cero: ¿eres nada o todo?
De ti nace la cifra.

Números en millares:
infinita colmena.
Labran su miel mental
las abstractas abejas.

En arenas y en astros
su transparente círculo
esconde el cero eterno,
¡oh huevo del guarismo!

Mago de los espejos,
dios del número: ábreme
tu cueva de tesoros,
tu caja de caudales.

¡Cuánta riqueza oculta!
Aun los signos solos
multiplican las cosas:
el Número es de oro.

Aves, peces, insectos,
árboles, piedras: números.
Sin el pequeño dios
no existiría el mundo.

EL VASO

Todo el jardín vacila en la pared del vaso:
un jardín reducido con árboles enanos.

    El vaso copia el mundo
en su piel transparente que imita el aire puro.

    Más que objeto, conciencia,
aprisiona las formas, las compara y las pesa.

    Curvo mural de flores
en un pozo portátil de musicales bordes.

    Los dedos agolpados en las paredes diáfanas
son semblantes de niños detrás de una ventana.

    Vaso: aire endurecido, luz desnuda,
corola de la luna.

    Dócil, claro, mimético:
te cambia de color la embriaguez de tu pecho.

    Es un vaso mi vida
con un licor de lágrimas: le hace vibrar el día.

    Vaso siempre dispuesto
al rito de la sed y a reflejar el cielo.

MUJERES ESCAPADAS DE LOS CUADROS

Hay la mujer prisión, la mujer templo,
la mujer selva y la mujer molino,
la mujer alquimista que transforma
      en oro hasta el suspiro.

La mujer galería de mujeres,
mujer obra maestra de un museo,
      mujer circo de fieras
      y hasta mujer cordero.

Témpano con dos piernas y dos brazos,
el Gran Hielo Polar forrado en tela,
      o el Trópico vestido
      con galas de doncella.

La mujer tribu ardiente y emplumada
      o gran fiesta caníbal
      alrededor del poste
      donde sangra la víctima.

Hay la mujer de sombra a mediodía,
la mujer continente inexplorado,
      mujer isla de flores,
      mujer bosque de pájaros.

La mujer muro y la mujer espejo,
      la mujer horizonte
o camino desnudo entre la niebla.
Hay la mujer orquesta a medianoche.

Autómata del cielo,
domadora de tigres y relámpagos,
mujer de nidos y mujer colmena
o cueva de tesoros ignorados.

Arrecife de rosas, faro oculto,
mujer de luz casera,
mujer jardín de estatuas,
mujer troje sin puertas.

Mujeres escapadas de los cuadros,
      los parques y las fuentes,
hermanas de Raquel, luz en camisa,
      música más secreta que la muerte.

HOMBRE PLANETARIO
[1959]

HOMBRE PLANETARIO
[1959]

> Vivimos en el fondo de
> un gran Océano de aire.
> *Los sabios geofísicos*

I

SALGO A LA CALLE como cada día.
Fantasma entre las casas me pregunto
el color de la hora, el rostro incierto
del azul que me mira
hasta arder en su fuego más recóndito.
La ciudad me cautiva, red de piedra.
Las calles me persiguen,
se congregan en torno
de las plazas de sol, grandes tambores
forrados con la piel
de cordero del cielo.
¿Soy ese hombre que mira desde el puente
los relumbres del río
vitrina de las nubes?
Fui Ulises, Parsifal,
Hamlet y Segismundo y muchos otros
antes de ser el personaje adusto
con un gabán de viento que atraviesa
el teatro de la calle.

II

Camino, mas no avanzo.
Mis pasos me conducen a la nada
por una calle, tumba de hojas secas
o sucesión de puertas condenadas.
¿Soy esa sombra sola
que aparece de pronto sobre el vidrio
de los escaparates?
¿O aquel hombre que pasa
y que entra siempre por la misma puerta?
Me reconozco en todos, pero nunca
me encuentro en donde estoy. No voy conmigo
sino muy pocas veces, a escondidas.
Me busco casi siempre sin hallarme
y mis monedas cuento a medianoche.
¿Malbaraté el caudal de mi existencia?
¿Dilapidé mi oro? Nada importa:
se pasa sin pagar al fin del viaje
la invisible frontera.

III

Lunes, puntual obrero, me visitas
con tu faz de domingo ya difunto
pero en verdad más martes que otro día.
El miércoles y el jueves son gemelos
perdidos en el fondo de ese túnel
con un rumor de ruedas y vajilla,
con pasos y con lluvia
que conduce hasta el viernes, puerta falsa

por donde llega el sábado,
cómplice disfrazado de domingo,
inspector de las cuentas semanales
y también de caminos y jardines,
siempre dispuesto a levantarse tarde,
a recoger el sol sobre una silla
y a cerrar una puerta hacia el pasado.

IV

¿Soy sólo un rostro, un nombre,
un mecanismo oscuro y misterioso
que responde a la planta y al lucero?
Yo sé que este armatoste de cal viva
con ropaje de polvo
que marca mi presencia entre los hombres
me acompaña de paso, ya que un día
irá a habitar vacío
de mí bajo la tierra.
¿Qué mueve al mecanismo transitorio?
Soy sólo un visitante
y creo ser el dueño de casa de mi cuerpo,
nocturna madriguera iluminada
por un fulgor eterno.

V

Eternidad, te busco en cada cosa:
en la piedra quemada por los siglos,
en el árbol que muere y que renace,
en el río que corre

sin volver atrás nunca.
Eternidad, te busco en el espacio,
en el cielo nocturno donde boga
el luminoso enjambre,
en el alba que vuelve
todos los días a la misma hora.
Eternidad, te busco en el minuto
disfrazado de pájaro
pero que es gota de agua
que cae y se renueva
sin extinguirse nunca.
Eternidad: tus signos me rodean
mas yo soy transitorio,
un simple pasajero del planeta.

VI

Tiempo cósmico, reinas
sin fin, omnipresente
pulpo gris
sin ayer ni mañana, siempre ahora,
dormido en el espacio.
Tu masa no se mide por minutos,
por horas o por días.
No eres el caracol
enrollado, cautivo
en el reloj del hombre.
Yo te mido mejor, oh inmensurable,
por amarguras o por alegrías
y por silencios o por soledades
de sesenta suspiros cada una.

Yo viví sesenta años en un día
y en una hora de amor
sesenta eternidades.

VII

Amor es más que la sabiduría:
es la resurrección, vida segunda.
El ser que ama revive
o vive doblemente.
El amor es resumen de la tierra,
es luz, música, sueño
y fruta material
que gustamos con todos los sentidos.
¡Oh mujer que penetras en mis venas
como el cielo en los ríos!
Tu cuerpo es un país de leche y miel
que recorro sediento.
Me abrevo en tu semblante de agua fresca,
de arroyo primigenio
en mi jornada ardiente hacia el origen
del manantial perdido.
Minero del amor, cavo sin tregua
hasta hallar el filón del infinito.

VIII

Eva en el siglo veinte va calzada
de cuero de la sierpe fabulosa
y viste cada día
de un color diferente.

Acude al paraíso en automóvil,
mas no puede ocultar bajo la máscara
su identidad celeste.
Aprende los oficios de los hombres.
Cuida su corazón en una jaula
con flores, hijos, pájaros.
Imprime en vacaciones
la forma de su cuerpo
en la grama o la arena.
En su bolso de espejos
con el leve pañuelo de heliotropo
guarda las llaves de las siete puertas
del paraíso humano,
paraíso privado con teléfono,
máquina de lavar hojas de parra,
televisión azul como la luna
y refrigeradora con manzanas.

IX

Hombres, mujeres jóvenes
dentro de una vitrina
con adornos de plantas
se sientan y sonríen,
se miran, examinan sus vestidos,
cambian palabras de humo,
saborean el tiempo en rebanadas
o por cucharaditas deleitosas.
Deshojan un bostezo entre los dedos.
Un arbusto de caucho aspira el humo
y se cree en el trópico.

Inadvertido, entra en la vitrina
el poniente vestido de amarillo.
Salid, hombres, mujeres, a la calle:
sobre el asfalto expira una paloma
atropellada por un automóvil.

X

Mienten Juan el Obeso, José el Calvo,
Francisco el Tartamudo,
mienten el flaco, el grande, mienten todos,
hablan con dulce voz, siempre sonríen
mientras arman sus redes en la sombra
para atrapar su víctima
por algunas monedas.
La amistad, el amor, el cielo mismo
falsificado en píldoras
pesan en su balanza fraudulenta
para ganar, multiplicar sus bienes
y ser los potentados de este mundo,
fantasmas que recorren sus palacios
de salones inmensos con alfombras
y retratos al óleo
en donde la humedad vierte su lágrima.

XI

Loor a mister Huntington —filántropo
nacido en el país de las manzanas,
las antiguas misiones coloniales
y las rojas ardillas—

que legó su fortuna
para que los granjeros de su pueblo
pudieran admirar los manuscritos
de Cabeza de Vaca, navegante,
descubridor de Texas,
señor del cacto y de la arena cálida.
Contra las pobres flechas de los indios
luchó con su arcabuz y su armadura
y lanzó su caballo de batalla
contra los pies desnudos.
Conquistador de polvo: yo bendigo
al pueblo de las flechas.

XII

Gloria a los fabricantes de automóviles
que han poblado el planeta
de rodantes alcobas,
salones, catafalcos
a plazos, camarines de amuletos
y flores, donde viaja
la vanidad inflada de sus dueños,
¡oh amos de la prisa, los que arrancan
de su sueño a los árboles!
Gloria a los inventores
de la Gran Vitamina Universal
para aliviar los males de la tierra.
(¿Qué haré yo sin mi angustia metafísica,
sin mi dolencia azul? ¿Qué harán los hombres
cuando ya nada sientan, mecanismos
perfectos, uniformes?)

XIII

Los artefactos, las perfectas máquinas,
el autómata de ojo de luz verde
¿igualan por lo menos a una abeja
dotada de reflejos naturales
que conoce el secreto
del mundo de las plantas
y se dirige sola en el espacio
a buscar material entre las flores
para su azucarada, sutil fábrica?
Todo puede crear la humana ciencia
menos ese resorte del instinto
o de la voluntad, menos la vida.
Inventor de las máquinas volantes
quiere el hombre viajar hacia los astros,
crear nuevos satélites celestes
y disparar cohetes a la luna
sin haber descifrado el gran enigma
del oscuro planeta en que vivimos.
Yo intento comprender los movimientos
de plantas y animales y me digo:
Por ahora me basta con la tierra.

XIV

¡Escuchad cómo estallan las corolas!
La abeja celestina
les entrega mensajes fecundantes.
Los vegetales reptan enlazados,
se alzan hacia la luz

con idéntica angustia
a extasiarse en el reino de los pájaros.
Picos y alas protegen las semillas
del asalto mortal de los insectos.
Y la vida perdura
desde la nube al fondo de los mares
en donde el pez humilde,
hermano mutilado,
pordiosero del agua
agita sus harapos.
Seres elementales, plantas, piedras,
animalillos libres y perfectos:
fragmentos nada más del puro cántico
total del universo.

XV

¿Dónde se encuentra, rosa,
tu máquina secreta
que te forma y enciende, brasa viva
del carbón de la sombra
y te impulsa a lo alto
a expresar en carmín y terciopelo
tu gozo de vivir sobre la tierra?
¿Qué oculto motor verde,
qué eje te redondea, fuego cóncavo,
breve nido de llamas?
¿Qué vienes a decir con tantos labios?
¿Eres sólo una boca del misterio
que intenta pronunciar una palabra
nunca oída hasta ahora

para cambiar el curso de este mundo?
¿O eres acaso el beso de la tierra
a todo lo que vive,
prueba de amor de un día
a las cosas oscuras
devoradas a medias por la muerte?

XVI

Soy hombre, mineral y planta a un tiempo,
relieve del planeta, pez del aire,
un ser terrestre en suma.
Árbol del Amazonas mis arterias,
mi frente de París, ojos del trópico,
mi lengua americana y española,
hombros de Nueva York y de Moscú,
pero fija, invisible
mi raíz en el suelo equinoccial
nutriéndose del agua de los ríos
y de la sangre verde que circula
por el frágil, alado cuerpecillo
del loro, profesor de ortología,
del saltamontes y del colibrí,
mis ínfimos aliados naturales.

XVII

Oh, fábula moderna: los soldados
de plomo de los cuentos infantiles
cobran vida, se animan
y crecen, crecen, crecen,

hasta llegar a ser de más tamaño
que los hombres. Intentan
disparar con sus manos el relámpago
para encerrar el alba en una cárcel,
descolgar las estrellas
para adornar sus hombros
y acudir al banquete de la noche.
Invaden por millares los jardines
y con oscuras máquinas de muerte
exterminan el verde de este mundo
cubriéndolo de ruinas,
de víctimas o estatuas
del Hombre Fusilado
en mangas de camisa.

XVIII

Juan Cordero, varón de miel oscura,
pecho de cuero, entraña enternecida,
capitán de los surcos
y maestro de escuela de los pájaros,
yaces sin vida cerca de tu casa,
como un saco de paja y de ceniza,
un saco agujereado
que el rocío humedece con sus lágrimas.
¿Qué crimen cometiste? Sólo un grito:
"Vivan los pueblos libres". Los soldados
dispararon sus armas
sobre ti, Juan Cordero y tus hermanos,
incendiaron las trojes
y arrasaron la tierra de tus padres.

(Dios estaba escondido en una granja
y contempló en silencio
el sacrificio de los inocentes
y su mundo en escombros.)

XIX

Vendrá un día más puro que los otros:
estallará la paz sobre la tierra
como un sol de cristal. Un fulgor nuevo
envolverá las cosas.
Los hombres cantarán en los caminos
libres ya de la muerte solapada.
El trigo crecerá sobre los restos
de las armas destruidas
y nadie verterá
la sangre de su hermano.
El mundo será entonces de las fuentes
y las espigas que impondrán su imperio
de abundancia y frescura sin fronteras.
Los ancianos tan sólo, en el domingo
de su vida apacible,
esperarán la muerte,
la muerte natural, fin de jornada,
paisaje más hermoso que el poniente.

XX

Yo soy el habitante de las piedras
sin memoria, con sed de sombra verde,
yo soy el ciudadano de cien pueblos
y de las prodigiosas Capitales,

el Hombre Planetario,
tripulante de todas las ventanas
de la tierra aturdida de motores.
Soy el hombre de Tokio que se nutre
de bambú y pececillos,
el minero de Europa
hermano de la noche,
el labrador del Congo y de la arena,
el pescador de ostiones polinesios,
soy el indio de América, el mestizo,
el amarillo, el negro
y soy los demás hombres del planeta.
Sobre mi corazón firman los pueblos
un tratado de paz hasta la muerte.

FLORESTA DE LOS GUACAMAYOS
[1963]

I

En la floresta de los guacamayos
me hirió una flecha que me dio la vida
y perdí la memoria de los años.

La gran flor de terciopelo
atrapó en su cáliz
mi corazón nuevo.

Sucedió ¡oh prodigio!
mi tercer nacimiento
en el país del olvido.

Reaprendí el libro del sueño,
la senda de miel
que conduce al cielo.

El guacamayo llama
para mi sed antigua al ídolo viviente:
la Doncella del Cántaro de Agua.

II
LA BRASA

Deseo que no muere,
eterna brasa viva,
hermana del cráter
pequeño de la rosa
que intenta con sus labios
acariciar el mundo
y consumirlo
en su nudo de llamas.

Se alimenta mi brasa
con el sol que cincela
los cuerpos de las nubes
recostadas
doncellas del azul.

La argentada bandeja de la ola
ofrece los tesoros
marinos y celestes
sin entregarlos nunca.

Universo, grandiosa mesa puesta
para un festín de amor:
¿no saciarás mi sed
y apagarás mi brasa con tus fuentes?

III

TEORÍA DEL GUACAMAYO

Maravilla del Nuevo Mundo,
la gran brasa con alas
reducido crepúsculo volante
alumbra con su luz las hojas verdes.

Todo es fulgor,
promesa o paraíso,
carnal deslumbramiento
certidumbre del sol en los colores
vestidura vistosa de lo real.

El ojo se complace en sus facetas
espejismo aleteante del deseo
ráfaga de calor hecha pintura
dios estival doméstico.

Huésped del árbol y de la morada
sapiente guacamayo
con silabario vegetal afirmas
tu alianza con el mundo de los hombres
la alegría fraterna
del Trópico en su ambiente de familia.

*

El guacamayo y el sol
recomienzan su diálogo amarillo.
El ala responde al reflejo

con la elocuencia minuciosa de sus plumas
en llamas superpuestas
al oro sucesivo.

Imagen del ardor
gloria que emprende el vuelo
para disimularse entre las ramas
con disfraz de gran fruto.
Ave roja triunfante
clarinada del Trópico:
imprime tu figura
sobre el códice
de mi pecho aborigen.

*

El floripondio y el guacamayo
protegen mi sueño
de hombre de América
mientras las plantas crecen
en pocas horas
restableciendo la selva
en la Ciudad Fértil.

Copa del sueño, floripondio
heraldo del color, guacamayo:
signos de un reino silvestre
gobernado por las alas
de la Dinastía Verde del Trópico.

Oh pájaro escapado de una mina de esmeraldas
y de una cueva de oro,
guacamayo amigo
émulo de las flores:
en tus plumas vuela
el tesoro de Atahualpa.

Ave sagrada de las tribus,
testigo prehistórico:
relatas la crónica del Descubrimiento
y la diaria aventura
de los nuevos conquistadores,
nosotros los hijos de los hijos
—¿quién no guarda escondida
la armadura de huesos
para la conquista del reino de la sombra?—

Ave de la Utopía:
tu ojo soñoliento
y voz fingida
me muestran las señales en las plantas y rocas
que guían a las islas del Eterno Domingo.

Yo desgrano el maíz dorado de mis días
en el cántaro oscuro de la edad
y me preparo
para el más prodigioso de los viajes.

IV
OCASO DE ATAHUALPA

Imperio de los hombres hermanos de los riscos,
amigos del torrente,
fundadores de pueblos
en la región más alta del volcán y la nube,
oh padres cariñosos del surco y la semilla:
nada pueden los verdes escuadrones
del maíz contra el pecho violento del caballo
ganando a la carrera
la vastedad del suelo predilecto del sol.

¿Qué puede la vistosa plumería
ceremonial contra los arcabuces?
Guacamayo imperial Atahualpa
acudes a la cita
seguido por millares de súbditos sin armas
en hileras de fiesta
susurrantes de sílabas humildes y sandalias.

Plaza de Cajamarca, jaula inmensa
de la Muerte Emplumada.
Hecatombe de pájaros,
combate de las alas
contra el casco implacable del caballo.
Los caciques se doblan águilas moribundas.
No puede el griterío
detener el relámpago.

Mueren los alfareros,
mueren los tejedores,
mueren los compañeros de la sacra vicuña,
mueren los amadores de la tierra y los astros.
Nunca viera el sol indio tanta sangre.

Atahualpa: desciende de tus andas de oro.
Aquí está tu collar de esmeraldas
en la mano sangrienta del caudillo de hierro.
El día muere sobre tantas vidas,
la noche cae sobre tantas muertes.
El dios sol ha dejado que se cumpla el destino.
En la flauta de hueso de una tibia
llora el fin de su pueblo
Quilliscacha escondido
tras de un peñasco de la cordillera.

Atahualpa repite su derrota
herido cuantas veces en mi pecho
por un Pizarro íntimo.
Vencedor y vencido luchan en mi interior:
el rey indio despliega su plumaje,
el agua de los siglos lava el suelo
que cubren las sonrisas del maíz
y el jinete de hierro se arrodilla.

V
COMARCAS IGNOTAS

Acroceraunia, Aurosia, Acuarimántima
fantásticas regiones del eterno verdor
en donde no hay vestigios de la muerte
¡oh patrias suspiradas de mi ser verdadero!

En Nefelococigia
la ciudad aérea de los pájaros
Aristófanes ríe
de los cuerpos sin alas de los hombres
siervos vapuleados de la tierra,
enamorados de las nubes.

¡Oh dulce Acroceraunia
de Horacio viejo amigo
señor de viñas y de fuentes!
La vida es vacación en este mundo
gozo del fruto y la sabiduría.
El tiempo es luminoso:
la soledad duerme escondida
en un tonel de mosto.
Enséñame, maestro, a la sombra del árbol
a administrar la cuenta escasa de mis días.

¡Oh acuosa Acuarimántima!
Tu velo de rocío
es llanto humano
y los ecos son voces
de viajeros perdidos

que nunca llegarán a ver tus prados
de primavera eterna.
(Barba Jacob, errante guardabosque
haz cambiar los reflejos del ocaso
para que yo descubra
el oculto sendero entre las nubes.)

Aurosia deseada, cuna auroral de Aurelia
doncella planetaria
(en su piel hay más oro
que en las minas terrestres
y la sal de los astros
ha pulido su cuerpo).
Áurea joven de Aurosia: a tu presencia
se retira la muerte.
La eternidad me entregas
en cada porción mínima
de tu dorada brasa
nunca extinta.

Islas de la Felicidad, extrañas ínsulas,
paraísos de amor y encantamiento.
Cólquida inalcanzable coronada de espumas:
¡oh nombres que repite
mi corazón en el exilio!
Tierras de la abundancia sin hartura
pobladas por las aves
más blancas que las nubes:
¿os hallaré algún día
guiado por la luz de mi deseo?

¿Descubriré bajo la piedra
de tu cuerpo deforme, ídolo milenario,
pobre dios impotente de la lluvia,
el gran mapa borroso del destino
el códice de signos olvidados
que interpretan la forma de la cueva
vestíbulo de un mundo
de perfección, delicia sin fin, verdor eterno
en donde ya no existe
la tribu primitiva de la muerte?

VI
LOS ANTEPASADOS

Tumbe, Quitumbe, Guayanay
adoradores del Ídolo de Piedra Verde,
Jefes remotos consultores de los astros
Capitanes del mar
Constructores de moradas sobre los árboles:
os venero
y rindo culto
golpeando las palmas de mis manos
en dirección del sol.

Tumbe amigo de las iguanas,
Quitumbe explorador
de la Tierra de los Colibríes,

Guayanay protegido de los cóndores
descubridor de la Isla Desierta
y la Isla del Pelícano Sagrado
portador de los peces:
Traedme la Gran Mazorca de Oro
hermana del guacamayo,
la Mazorca de maíz inagotable
para alimento de mi pueblo.

Tumbe, Quitumbe, Guayanay
hombres de paz vestidos con la cota
de plumas de colores,
Astrónomos, oh padres:
señaladme el camino
de la floresta antigua
donde el Gran Guacamayo divulga su secreto
en una lengua extraña
olvidada hace siglos.

CRÓNICA DE LAS INDIAS
[1965]

EL PACIFICADOR
Argumento del poema

En el siglo XVI el conquistador Gonzalo Pizarro se rebeló contra las Ordenanzas y Leyes de Indias, que favorecían a los aborígenes, y se proclamó "Protector de los Encomenderos". Fue el primer dictador del Nuevo Mundo. "Desde Quito hasta las fronteras septentrionales de Chile —dice Prescot— todo el país reconoció la autoridad de Pizarro. Sus tropas estaban bajo un pie excelente... Dícese que los preparativos para la campaña le costaron un millón de pesos de oro." La corona española envió como pacificador al clérigo Pedro de la Gasca, quien organizó en Panamá una flota, con la cual invadió los dominios de Pizarro, después de navegar por el Océano Pacífico y escapar de una gran tempestad. El ejército leal atravesó una extensa región por las costas del Ecuador y del Perú y venció a las tropas de Pizarro en Jaquijaguana, casi sin derramamiento de sangre. La fuerza del convencimiento en la justicia de su causa dio la victoria al ejército de De la Gasca. Gonzalo Pizarro se rindió y fue decapitado en Lima.

I

LA EXPEDICIÓN NAVAL

¡Vientos del Nuevo Mundo, inflad, inflad las velas!
El Pacífico encrespa sus leones de espuma.
Rechina el maderamen mojado de relámpagos.
Olas, olas o lomos de cetáceos antiguos
golpean empujando los cascos de las naves.
Nunca viera el Océano Armada más potente,
más airosos velámenes y más audaces proas.
Va el Pacificador en la nave almiranta.
En vez de la armadura en el cofre labrado
lleva hábitos de clérigo y un legajo de leyes
para el mejor Gobierno de los pueblos alzados
por necios Capitanes
adictos a Gonzalo Pizarro el ambicioso
Gobernador Supremo de esas tierras de América.

La tormenta fosfórica con látigos azules
azota a los galeones que buscan un abrigo
en el desierto gris con pulmones de agua
o montes derrumbándose en abismos de espuma.
Danzan fuegos extraños sobre jarcias y mástiles
—fuegos del otro mundo, según los aterrados
marineros que creen ver arder los navíos
quemados por las ánimas—.

"Son fuegos de san Telmo" dice el sapiente clérigo.
Luces del infinito, luces son nuestras vidas
que cruzan un instante por la noche del tiempo,
la noche del espacio sideral, fuegos fatuos.

¡Oh fragor de la cúpula inmensa de los cielos
partida por el trueno demoledor y errante!
Batallan los abismos y batallan las nubes
sepultando horizontes en sus tumbas acuáticas.
Implanta la negrura su medroso reinado
de la entraña del pez
al corazón del hombre y al del ave
transidos de pavor elemental
en la gran noche cósmica.

Doce navíos, doce fortalezas marinas,
orgullosos castillos navegantes
reciben todo el peso de las líquidas moles
y tratan de escapar a su furia ciclópea.
¡Armada sin ventura
con su jefe postrado de rodillas
ante una Cruz
en el seno crujiente de una nave en peligro!
¡Proa hacia la Gorgona, fugitivos del mar,
cervatillos dispersos por el Cuerno de Caza
que suena entre las nubes su tocata de muerte!
Isla de la Gorgona, isla diabólica:
¡cuántas fauces de abismo te circundan!
Los canes de las aguas y las piedras
aúllan sin descanso,
defendiendo el acceso
de su infierno de rocas y de espumas.

¡El día cuánto tarda! ¡No hay mayor terciopelo
que el de la inmensa noche ecuatorial,
mayor olvido, ilímite soledad sin luceros
en el cielo invadido por la violencia cósmica!
El Pacificador desvelado medita
en la fragilidad de las obras humanas
amenazadas siempre por designios contrarios,
la soberbia del hombre que lanza un desafío
a las ciegas potencias naturales,
la voluntad que alcanza su victoria
sobre los elementos desatados.
"Morir, morir prefiero
mas no volver atrás en mi jornada"
murmura en su monólogo el varón del breviario,
clérigo soñador de la raza de Hamlet
y la de Segismundo.
Su misión es abrir el Libro justiciero,
la ley hacer primar sobre daga y talega
y colgar para siempre la coraza
vieja de la Conquista.

*

Alba del Nuevo Mundo, por fin tu flor radiante
abriéndose sin prisa en las alturas
alza bandera blanca en el combate
de mares contra nubes. La calma se establece
y las olas moderan sus balanzas azules
hasta alcanzar el tenso nivel del horizonte.
El Pacificador en la nave almiranta
contempla gravemente el sol ecuatorial
monarca recubierto de polvillo de oro

saliendo de las aguas
como en el mito indígena del país de El Dorado.
La Gasca siente el sol del Orbe Nuevo
penetrar en su sangre,
reinar omnipotente sobre seres y cosas,
dios bárbaro al que adoran los hombres naturales
de esos desmantelados paraísos
sonoros de tambores.

De la Gorgona a Manta abre la costa
las verdes perspectivas
del país de los loros y de las esmeraldas,
las tierras fabulosas
de Perruqueta. (Yacen entre leños quemados
los restos de esos pueblos aborígenes,
pescadores, orfebres, alfareros
ataviados de plumas y de telas pintadas.
Señores de las cañas de maíz
y del árbol totémico,
navegantes de Manta en sus balsas veleras
ofreciendo collares y perlas en balanzas,
¡oh civilizaciones inocentes
en su vida pacífica,
aniquiladas fueron por el rayo terrestre
disparado por hombres de coraza y de yelmo
que amaban a su prójimo
pero no a esos extraños habitantes
que cubrían su cuerpo con plumas de colores
en lugar de armaduras como los caballeros!)

II
LA MARCHA HEROICA

Las fatigadas naves
pliegan alas de lona. Arpas de cuerdas
resuenan en el viento.
Atraviesan las anclas
los hondos aposentos cristalinos
hasta morder el fondo. Marineros
en ágiles maniobras
desembarcan las armas y los fardos,
los toneles que ruedan en la arena,
estandartes y cruces
que las aves marítimas saludan
con sus agrios chillidos agoreros.

Las casas de madera les dan la bienvenida
a los desalentados navegantes
que traen en su rostro
el sello de la sombra y la tormenta.
Un grupo cortesano portando el estandarte
del rey sale a la playa a recibir la Flota.
Es la gente leal a la talega
y algunos capitanes y señores
de los pueblos vecinos que se suman
al Pacificador para su empresa
contra el Primer Tirano de las Indias.

¡Oh ejército errabundo
de lanceros, marinos, eclesiásticos,

de caballeros y de labradores
por la cálida costa ecuatorial
imperio de los loros
en verdes y pacíficas bandadas,
vegetación volante
sobre el fértil engaño de la selva
donde cada manglar es una trampa
y el pantano, temblante sepultura!

Portoviejo le ofrece sus portales de sombra
al Pacificador. No hay quien levante
la espada contra el clérigo. En su mesa
el trópico amontona
su deleitosa munición pintada:
el melón, la sandía
son balas de cañón que disparó el verano
contra la sed. Los hombres abandonan
su armadura y respiran
mirando el horizonte
en espera paciente de las naves,
invencibles castillos del océano
para el viaje hacia el sur de sangre y oro,
dominio fantasmal de Gonzalo Pizarro.

Otra vez el camino de las olas,
la inmensidad azul que se reparten
delfines y gaviotas,
el bostezo infinito
de los días iguales
llenos de mar y cielo.

Mar recién descubierto donde vagan
las sombras de otras naves que surcaron
por vez primera su extensión ignota.
Días sin viento, inmóviles
casi sin aire como estatuas huecas
de oro solar. Los mástiles
con sus flácidas velas
son astas de estandartes en derrota.
Iza bandera blanca
la Flota ante el espacio
anunciador de muerte.

*

Mas un día, de pronto, el viento oceánico
vuelve de sus lejanas correrías
y da impulso a las naves
que su marcha apresuran
frente a costas extrañas
—desértica Península de Santa Elena, tierra
de pozos y de ídolos,
collar de islas del Golfo, gemas fértiles—
hasta llegar a Tumbes legendaria
Ciudad del Oro, hoy puerto
de vetustos maderos carcomidos
por las aguas más negras que la noche.

Toda la carga puesta en tierra firme,
los caballos de guerra,
máquinas, armaduras y miles de soldados
y hasta las baterías de las naves,
comienza la gran marcha

por la región de arena
y luego por los bosques intrincados,
por las cumbres con rocas
que guardan el secreto
de oscuros precipicios.

Jauja pródiga, Jauja la florida
sabrosa en frutos, rica de ganados
se asoma al horizonte
y en loor de los héroes leales
echa a volar palomas y campanas.
El Pacificador acampa en ese valle.
No hay cuartel general mejor que Jauja:
vive el sol encerrado
en antiguos graneros de maíz
convertido en millones de fragmentos nutricios.
Terrestre paraíso de soldados
que pasan el invierno
sitiados por las grises hordas de la tormenta.

Después, meses de marcha cual siglos de fatiga
por los malos caminos.
Los hombres gesticulan, se despeñan
fantoches del cansancio en telones de polvo,
títeres remojados en telones de lluvia.
La amenaza constante del barranco
—¡oh diabólico tigre del abismo!—
la sucesión de niebla,
polvo y lluvia con mantos mendicantes
que escamotean el paisaje entero
mientras helados vientos emisarios

propagan con silbidos el mortal ultimátum
de las vecinas nieves.

Hay que trepar los montes escarpados,
hay que cruzar el río tormentoso.
¡El río! Sus yeguadas azules que atropellan
con la sonora prisa de su fuga espumosa
hacia su acabamiento en remotas comarcas.

Árboles corpulentos, mil arbustos
proporcionan el mimbre y la madera
para desafiar al cristalino abismo
con un flexible puente
suspendido en el aire,
frágil máquina audaz
que sirve de camino a los cañones,
a los infantes y cabalgaduras
en su paso nocturno a la otra orilla.

Inaudita visión: va por la senda aérea
un desfile de sombras
con sus armas y cruces y estandartes.
Los hombres tambalean, gritan, oran,
los caballos relinchan,
se encabritan de espanto, pierden el equilibrio,
se precipitan en la negra hondura
y perecen rodando entre las rocas.

III

EL CAPACETE DE ORO

Pizarro, llegó el día
de ceñir la armadura esmaltada de oro.
Tu caballo castaño se encabrita
impaciente esperando lo cabalgues
y gobiernes su ímpetu
en la postrer jornada hacia la gloria.

Monarca de mentira,
emperador de burlas de un imperio fantasma
¿de qué te sirve ahora
el metal de las minas de Potosí? La guardia
de ochenta alabarderos
impedir no podrá el paso inexorable
de la Dama de Hueso.

Vano caudillo, escucha: están contados
tus días terrenales. Tu cabeza vacila
a pesar del fulgor del capacete de oro.
Ya eres solamente un difunto a caballo
un difunto que cree todavía estar vivo
e imparte sus órdenes de niebla
que luego se disipan en el aire.

Estás solo delante de tus soldados mudos,
estrafalario ejército con sus aliadas huestes
de guerreros indígenas cubiertos de plumajes
—¡oh terrestre arco iris volandero!—

ejército pomposo con escasos cañones
mas con recuas de mulas agobiadas
bajo la carga ingente de los ducados de oro.

Pizarro, compareces
en la llanura inmensa del destino
solo con tu fortuna.
¿Dónde está tu enemigo? ¿Es acaso esa nube
que baja de los Andes
conducida por Pedro de la Gasca,
el Pacificador de sayal y breviario,
por obispos y frailes misioneros?
Esa nube sonora de plegarias y cánticos
de cruces y de espadas
se acerca lentamente: es la conciencia
que crece como sombra de Dios en la llanura.

Frente a tu juez te encuentras impotente,
fingido emperador del Nuevo Mundo
y esperas el mandato supremo, rienda en mano
clavado en tu montura, los pies en los estribos,
mientras pueblan tu mente las visiones
de tu reino de espanto
fundado sobre ríos de sangre. Entre las rocas
hace su mueca última la cabeza cortada
del anciano virrey Blasco Núñez de Vela
y surgen los cadáveres de sus cien caballeros
por ti sacrificados. Mira el río
que parece arrastrar miles de ojos llorosos
de mujeres y niños; ¿por qué tiemblas
al ver esa figura de infante estrangulado?

Es tu propia simiente maldita. Ya estás solo
hasta el fin de los siglos. Nadie, nadie
perpetuará tu nombre.
Proscrito de la tierra y de los cielos,
Tirano solitario
tu vestimenta regia es tu mortaja
y eres con tus inútiles tesoros
un humano despojo lamentable,
fatídico ornamento del cadalso.

Día frío, inmutable como un estanque de oro.
Sopla un aire glacial venido de las tumbas.
Los soldados apenas pueden asir las lanzas
con sus heladas manos. Aquí en esta llanura
fue quemado en la hoguera por los conquistadores
el gran Calicuchima
que invocó entre las llamas la justicia del sol.
Ahora, con su dedo de oro te señala
el mismo sol, Pizarro
como al reo mayor del Nuevo Mundo.

Extraña escaramuza del destino
en el vasto escenario
encerrado entre altísimas montañas:
Jaquijaguana, verde bostezo de los Andes.
La legión de la Guerra Sagrada se aproxima
con marcha inexorable.
Su artillería truena como voz de las cumbres
e inflama la llanura:
elocuencia de hierro y fuego que convence
a los amilanados escuadrones

del Traidor que clavó su estandarte rebelde
sobre las tierras vírgenes de América.

Capitanes de atuendos vistosos en sus jacas,
Cepeda, Garcilaso
y luego arcabuceros en columnas
se pasan a las tropas de La Gasca.
Y la caballería en airoso galope
se entrega al enemigo. Las huestes emplumadas
de los indios aliados huyen hacia los montes.
Aterrados los hombres de Pizarro
siguen su ejemplo o corren a rendirse.
Es la derrota incontenible. Solo
cruza el caudillo el campo
y va a entregar su espada al Hombre de la Ley,
al Pacificador del Nuevo Mundo.
Frente a frente se encuentran el Tirano
ya la cabeza libre del capacete de oro
y el clérigo que supo
con un arma invisible, la palabra,
vencer a su enemigo. Frente a frente,
el emisario de la vida eterna
y Gonzalo Pizarro, rey sin reino,
capitán sin soldados
aliado sin ventura de la muerte,
potentado del único tesoro: su sepulcro.

EL ALBA LLAMA A LA PUERTA
[1966]

I
El reino efímero

JORNADA EXISTENCIAL

¡OH REINO INENCONTRABLE, Florida o Eldorado!
No hay rastro entre las rocas
de la Fuente de Eterna Juventud ni del oro
sobre la piel desnuda del monarca.
He buscado sin tregua
el indicio celeste en la corteza de árbol,
la escritura en la nube
sin dar con el camino del reino suspirado.

El arado del sol ara mi frente
en labranza de días y de años sucesivos.
Jornadas de la sed
deslumbrada por altos espejismos
de aguas inexistentes
para la travesía del desierto.

Derrotero escondido,
gasté mis días en buscarte en vano
por intrincados bosques,
por países de piedras y de arena,
por ciudades inmensas como selvas en llamas.

El polvo de oro se aventó en el aire.
Los labios de la arena agotaron la fuente.
Me revela el ocaso su secreto:
el país de Eldorado está en nosotros mismos.
Imperio de las flores y delicias
regido por el hombre, rey desnudo.
Soy el descubridor de la región postrera,
conquistador del reino efímero sin nombre
en las fronteras últimas
del viento y de la noche.

LA MINA MÁS ALTA

El día descubre al fin
las minas de oro del cielo.
No hay Eldorado más puro
que el de ese altísimo reino.

Jinetes de hierro y vidrio
me miran desde los techos,
centinelas de un tesoro
que es una cueva de fuego.

Cielo, en vano cada día
me revelas tu secreto:
Eldorado inalcanzable,
mina de nubes y sueños.

EL REINO DE LAS COSAS

Las nubes son imagen del efímero reino.
Formas, figuras: todo se deshace.
El rocío que expira sube al cielo.
La rosa es un ocaso reducido,
caverna entapizada de púrpura silvestre,
antro de mil tesoros.
Las aguas de los años cubren todas las cosas.
El diamante y la espuma,
la piedra real, la flor imaginaria
se pierden en la selva de los sueños.
Mirad: aquí hubo un día una ciudad
habitada por hombres.
Ahora sólo el aire embalsamado
divulga las noticias
de las antiguas tumbas, hoy jardines.

DESCUBRIMIENTO

Navego cada noche rumbo al día.
En cada amanecer descubro un nuevo mundo,
una América virgen
poblada de una flora y fauna de prodigio.

Miro por vez primera las cosas inauditas
entre los colibríes de la aurora.
Me rodean las tribus inocentes.
En mi ventana vuela el pájaro totémico.

A cada paso encuentro el mineral precioso.
Fundo una población en el desierto.
Mi armadura me vuelve invulnerable
a las flechas del día.

Explorador, colono de la sombra
vadeo grandes ríos.
Me reciben naciones con tributos
aún más deslumbrantes que el ocaso.

Mujer oh prisionera
en mi descubrimiento cotidiano del mundo:
hay más oro en tu pelo
que en los viejos galeones de las Indias.

Cada día acumulo mi tesoro
y en la noche navego
con rumbo a un Continente
nunca antes descubierto.

LINAJE

Árboles de los Andes, yo crecí con vosotros.
Mis brazos se alargaron como ramas sedientas
al inmenso horizonte.
El águila de Patmos ¡oh gran libro volante!
me enseñó el evangelio de las rocas.
Yo vengo de un país anterior a Baalbek,
de un mundo sumergido en el Océano
hace muchos milenios.
He vivido cien mil domingos en la tierra
y he visto sobre el surco de las nubes
a los bueyes alados de Babilonia y Nínive.

Hoy regreso del fondo de los siglos.
Traigo en mi cráneo, cántaro de hueso
toda la historia humana,
los ríos de la tierra disueltos en mi sangre
y todas las señales de la espada en mi cuerpo.
Mis ojos son los mismos
que vieron perecer las ciudades en llamas,
surgir nuevas naciones,
sembrar en las cenizas,
renovarse los bosques
sin que se turbe en nada el orden cósmico.

Gira el planeta mudo en su prisión azul
y a la hora del ocaso cada día
el oro resplandece en los ríos del mundo.

Mi estirpe es del extremo de la tierra
de la última península
donde el peñón sucumbe al asalto de espuma.
Todo se vuelve arena derramada.
Se borra toda huella.
Sólo queda una piedra de la ciudad sepulta
en medio de la selva.
La piedra guarda un viejo tesoro planetario
en su talega oscura.

Hombre de ojos antiguos
veo de mi ventana
la Oceanía del cielo y las confusas
Islas del Paraíso
mientras sube un satélite a la luna
como el fruto erizado de un castaño de oro.

YO SOY EL BOSQUE

Me interrogo en la noche americana
bajo constelaciones que me miran
con sus ojos de puma:
¿Quién soy en fin de cuentas? ¿Yo soy el navegante
que descubrió las tierras y los ríos,
trazó el surco, sembró la primera semilla,
fundó pueblos, ciudades y naciones?
¿Soy el hombre que ardió sobre la leña
antes que revelar los tesoros ocultos?
¿Yo levanté la cúpula de piedra,
labré, esculpí, doré la madera sagrada,
hice surgir del seno de la arcilla
todo un mundo animado?

¿Soy el hombre del gremio
que se lanzó a la fiesta de la pólvora
frente al adusto coro de fusiles
para mirar la imagen más limpia de su pueblo?
Yo cambio de vestido según las estaciones,
los climas, las edades, los países
pero soy siempre el mismo:
lo delata mi frente repleta de universo.

Descifré entre los astros
las noticias del cosmos,

recorrí el laberinto de los libros
hasta encontrar la toga
y tu luz inmortal, sabiduría,
mas todo lo perdí un domingo en el bosque
cuando el rocío me explicó llorando
que la tierra es el reino de lo efímero.

¿Soy hombre de navíos y toneles,
orfebre, campesino, ebanista de sombras,
peregrino del mundo,
novicio que pasea sus sueños en el claustro?
Soy todos a la vez en invisible suma:
un filósofo griego, un joven de Bizancio
se dan la mano en la plaza de mi alma
con un rebelde, un monje,
un árabe sensual, un castellano recio
y un astrónomo indio de mi América.
Yo soy un hombre-pueblo, un hombre sucesivo
que viene desde el ser original
hasta formar la suma: un hombre solo.

Épocas ataviadas con sus cambiantes trajes,
el diverso color de los países,
todas las religiones y los mitos
forman mi patrimonio
y mi mano sostiene al mismo tiempo el libro
y la flecha que vuela.

Soy el reo y el juez, el verdugo y el mártir,
el hombre de cien máscaras.
Plural y a la vez único
soy el hombre del bosque y soy el bosque mismo.

FANTASMA DE LAS GRANJAS

Mi sombra penetrada por los pastos con rocío
por las constelaciones prisioneras en las granjas
por la respiración de los hombres dormidos
en sus tumbas provisionales,
avanza hasta el camino descubridor de horizontes.
La angustia cósmica de las ranas me atraviesa.
Las ranas metafísicas dialogan con los astros.
Cada rana
monedero del silencio
pierde una a una
sus monedas de cobre.

El río desnudo baja de la montaña
como un arcángel con su armadura de cristal.
Escucha: el caballo levanta su casco herrado
y lo hunde en el agua de los sueños
con lentitud semejante a la danza.

Tierra amada, te siento vivir dentro de mí
con la totalidad de tus formas y seres.
El rumor de tus árboles circula entre mis huesos.
Mientras todo duerme
laboro como una abeja en las colmenas del espíritu.

II
Estación penúltima

ESTACIÓN PENÚLTIMA

A mi vuelta de exóticos países
después de cada viaje
mis lágrimas derramo como Ulises.

En su gran recipiente de cristal la ventana
me ofrece el mundo entero
desde el cielo oriental de porcelana

hasta el trigal cristiano panadero
las lanzas del maíz americano
y el campo universal con su sendero.

Inútil viaje. Vuelta inoportuna:
suspiro como Ulises
por la Ítaca celeste de la luna.

LA ESPOSA

I

Las ventanas colmadas de jardín
iluminan Esposa tu figura
con una luz de Biblia, luz de nubes
eco resplandeciente de la altura.

Tu amor es como el pan del evangelio,
manantial que discurre en onda pura
abrevando mi sed de eternidad
en dones sucesivos de hermosura.

Sobre el fondo de pinos y castaños
Esposa mía vives en mi sueño,
cruzas la galería de los años

guiándome al jardín de la dulzura
donde alumbra las cosas con su luz
el oro que corona tu escultura.

II

Esposa mía, hermana, buenos días.
El aire, el sol saludan tu presencia.

Gracias a tu ternura el mundo es nuevo.
Dimensión clara adquiere la existencia.

El amor, Continente descubierto
por ti me da su flora prodigiosa,
su mina inagotable de riquezas.
Vivimos en la isla más dichosa.

Tu mirada acaricia la figura
de las cosas, y labran un panal
tus palabras abejas de dulzura.

Sonríes… y amanece en el planeta.
Tu amor es un jardín con mil senderos
que llevan a la fuente más secreta.

DOLOR VEGETAL

Era la soledad dentro de un bosque.
Dentro de mí cabía el bosque entero.
El dolor de los árboles sin hojas
entraba en la penumbra de mis huesos.

En mi bosque sentía andar las nubes,
los senderos buscaban compañía
cerca de un manantial inconsolable
llorando soledad, agua infinita.

MUJER Y PLAYA

Carla, contigo llega una playa dorada
con alas de gaviotas, lenguas de olas
¡oh vacación de amor, tan deseada!

El mar en modelarte se apresura
y deja en el museo de la arena
una obra maestra: tu escultura.

Carla, el sol tropical con sus cinceles
ha pulido tu forma soberana
de alabastro y de luz, vaso de mieles.

Paraíso ambulante, dulce abismo
símbolo del amor y de la muerte:
eres mujer y playa a un tiempo mismo.

Mi cuerpo doy a tus arenas vivas
y tú me entregas al final el cielo
con gritos y aleteos de gaviotas cautivas.

NO HAY

En las librerías no hay libros,
en los libros no hay palabras,
en las palabras no hay esencia:
hay sólo cáscaras.

Lienzos pintados y fetiches
hay en los museos y salas.
En la Academia hay sólo discos
para las más furiosas danzas.

En las bocas hay sólo humo,
en los ojos sólo distancias.
Hay un tambor en cada oído.
En la mente bosteza el Sahara.

Nada nos libra del desierto.
Del tambor nada nos salva.
Libros pintados se deshojan,
leves cáscaras de la Nada.

III
Memorias de nuestro planeta

ISLAS NIPONAS

TOMO CON LOS PALILLOS un corazón enano
entre granos de arroz que ríen con sus dientes minúsculos
a la sombra de los pinos marítimos
que vieron llegar por las olas la estatua del dios
y por las nubes la barca del hombre
fundador de dinastías.

Los sacerdotes de cabeza rapada
llevan el dosel del cielo
cerca del templo de laca
vacío hasta las lágrimas de cera.
Los santos hombres de Zen se refugian en un islote
para ver la caída de la hoja,
lengua de lo alto.

Los mendigos engañan su hambre tocando la flauta.
Al ocaso, el sol mira de reojo
las ventas de pescado momificado.
Las luces de Ginza tiemblan en la red de las constelaciones
mientras las anguilas recorren la tierra
en busca de los lagos nupciales.

Ningunos ojos más llenos de amor humano
que los de la joven manchú sobre las esteras
ante el cuerpo del extranjero comprador de caricias.
Kioto, Kamakura, Karuizawa:
miles de años han madurado la civilización de madera
contemplada con una sonrisa enigmática
por la inmensa estatua del dios de bronce
hueco como una campana
en espera de los tifones oceánicos
que dejarán sólo un esqueleto de pez sobre la arena.

Zen: mira mi mano flácida. Soy un hombre de Zen.
No tengo otro cuenco de arroz que la luna.
Sin embargo en mi corazón reverdece la sabiduría
como un limonero enano
y en mi paladar se redondea la palabra
antes de salir a deshacerse en el aire.

EL CABALLO DE TERRACOTA

En Pekín bajo el pórtico de laca
yace enterrado por los siglos
el caballo de terracota
con su ajuar funerario,
gran corcel astronómico
que piafa eternamente:
¡oh lamento elegiaco por el arte de Thang
los pueblos sepultados
bajo los arrozales!

Los huesos humanos
blanquean la Ruta de la Seda
entre los juncos
donde se oculta el Tigre de Jade
dominador de ojos mágicos,
heraldo de los Reinos Combatientes
encendidos por un resplandor de espadas
hasta el corazón de miel de los árboles.

En el bosquecillo de bambú
departen los siete pensadores
sorbiendo el té
en cuencos de cerámica verde gris.
La hoja cae:
pasan los Soberanos protectores de las artes
ante el galope de los jinetes tártaros.

Modula el ruiseñor de oro
sus sílabas a la gloria
de la dinastía mogol.

Este montón de polvo fue Kublaikhan.
Las nubes imitan vanamente sus cabalgatas.
Manos enjoyadas de Yuan
manos hábiles del Imperio
tejed alfombras,
fabricad porcelanas como mejillas de virgen difunta,
construid cofres y cuevas
para conservar tan inmenso tesoro.

Piedra a piedra
levantóse al fin la Gran Muralla
mas el pueblo será desventurado.
Está escrito en los viejos libros:
el Gobierno será para el Eunuco.
La Ciudad Prohibida
con sus murallas rojas y sus tejas de oro
guardará su secreto
y los Emperadores yacerán en el polvo
con sus vestiduras delicadas como corolas.
¡Qué hermosa era la tierra en la época de Tsing!
Las familias sembraban,
cosechaban amapolas y lychis,
cada una en su mundo de abundancia.
Mas la paz no es negocio
para los generales:

las ciudades ardieron,
se armaron las familias.
Las estatuas doradas
cayeron en el polvo para siempre.

MISTERIOS NATURALES
[1972]

LIBRO DEL DESTIERRO

I

Mundo, vuelvo a contar tus pájaros veloces
desde la tumba azul de mi ventana.
Acaso estuve muerto y hoy revivo
para ver los misterios naturales.
Fuga el tiempo en las alas y las hojas.
Todo transcurre en torno y en mí mismo.
Sólo la nube intenta convencerme
de que nada ha cambiado.
Pero el mundo envejece.

II

Higuera: vejez fértil
más que cualquiera juventud frondosa.
A atesorar me enseñas dulzura año por año
a ofrecer miel secreta
concentración jugosa de crepúsculos
madurando al amparo de las hojas
ilustres por su número enigmático
profusión de verdor hasta la altura
fijada por designios misteriosos.
No puedes crecer más oh sabia higuera

retorcida por íntima tortura
pero sobre tu cuerpo contrahecho
sostienes una carga de esperanza
y repartes tu vieja dulcedumbre.

III

El lucero se acerca de puntillas al charco.
No se sabe si va a buscar su moneda perdida.
De pronto desaparece en el agua y sube al cielo
donde se extravía entre la polvareda de los astros.
¿Todas estas luces para el entierro de mi alma
que está velándose desde hace años
en este armatoste de hueso pensativo?
No queda otro camino que las constelaciones
para llegar al punto de la nada
donde comenzó mi viaje.
Lucero pordiosero:
recoge los millares de monedas dispersas
en el gran charco del cielo.
A mí me basta una luciérnaga
para velar mi alma.

IV

Amé nuestro planeta.
Me nutrí de países y de climas.
Yo era fuego encendido en un segundo,
era amigo del hombre y del caballo,

era la libertad buscando patria
era la patria andando hasta ser libre.

Era el rocío, hermanos, el rocío
repartiendo frescor entre los hombres
era la paz buscando una morada
un oasis de plantas en la arena.
Andaba con la luz por todas partes
sin hallar el refugio que buscaba.

Los vegetales eran mi familia
mi palabra era máquina de flores.
Mago de insectos, pájaros y fuentes
compuse con azules materiales
un cielo terrenal para uso propio
y de todos los hombres mis hermanos.

v

Te reconozco viento del exilio
saqueador de jardines
errante con tus látigos de polvo.
Me persiguen sin tregua tus silbidos
y borras mis pisadas de extranjero.

Te reconozco viento de la angustia
roedor de los árboles.
Propagas el desorden y el estruendo
me envuelves en tu inmenso torbellino
manto glacial que intenta ser mortaja.

Me muerdes fiera cósmica
seguida de tus perros implacables
oh furia del espacio
no cesas en tus coros enemigos
salteador emboscado en las esquinas
para impedirme el paso hacia el refugio.
Viento de angustia. Viento del exilio.

VI

Abrid mi testamento: mi legado es el mundo
la inmensa joyería de la luz en el cielo
en el agua y la tierra
el prodigioso número de pájaros
que llenan con su música el planeta,
los ocasos de todos los países
como sangre en la arena o tesoro en las rocas
agonía en el mar o incendio entre los árboles
los ocasos del mundo abarrotados de oro
mintiendo paraísos
renovando promesas
que no se cumplirán hasta el fin de los tiempos.

Los colores terrestres y las formas
gastadas por la arena de los años
las hectáreas del viento
el cielo donde laten los astros incontables
rubíes de un reloj de eternidad y espacio
componen mi legado para todos los hombres.

VII

El país del exilio no tiene árboles.
Es una inmensa soledad de arena.
Sólo extensión vacía donde crece
la zarza ardiente de los sacrificios.

El país del exilio no tiene agua.
Es una sed sin límites
sin esperanza de cercanas fuentes
o de un sorbo en el cuenco de una piedra.

El país del exilio no tiene aves
que encanten con su música al viajero.
Es desierto poblado por los buitres
que esperan el convite de la muerte.

Alza el viento sus torres deleznables.
Sus fantasmas de arena me persiguen
a través de la patria de la víbora
y de la zarza convertida en fuego.

VIII

Las señales del cielo ensombrecen la arena.
Es el desierto vasto como el tiempo.
He perdido el camino del agua y la palmera.
El agua está escondida en sus antros oscuros.
Sólo espejos relumbran su mentida promesa.
Lejanías vestidas de resplandor lacustre.

Extensión disfrazada
de transparencia. El rastro de mis pasos
dura sólo un instante porque el viento
cubre de arena esas pequeñas tumbas.

IX

Cada día me alejo de mí mismo,
desde el fondo de mí un hombre mudo
me contempla vivir. Tiene mi rostro.
Ha perdido los árboles y pájaros
de su reino terrestre.
Ha perdido el caudal de las palabras.
Sólo espera mi signo para el viaje
que emprenderemos como un hombre solo.

X

Cada día es más isla mi morada
rodeada por la espuma de las nubes.
Cada día es más agua el horizonte
como un mar infinito con sus luces.

En la alta noche coronada de astros
fluye arena del tiempo.
Mi corazón da un grito de gaviota
perdida en los desiertos del océano.

Inmensas extensiones del exilio
latitudes de un mar hecho de lágrimas.
Me circunda la niebla del olvido.
Cada día es más isla mi morada.

XI

Lo fugaz, la extensión, el tiempo, el número
son los cuatro barrotes de mi cárcel
metafísica en donde doy vueltas y más vueltas
hasta cansar mis huesos ambulantes.

El tiempo se convierte en número y espacio
y se deja roer sin disminuir su masa
suma inmensa de toda
celeste matemática.

XII

El tiempo no transcurre, nosotros transcurrimos
al igual que las cosas
porque la vida es sólo
una mortal dolencia.

El tiempo inmóvil mira nacer, crecer, morir
y permanece entero sin gastarse, infinito.
Somos hijos del tiempo que nos forma
el tiempo nos madura
para que coja el fruto la muerte agricultora.

XIII

En el polvo se marcan las huellas de la muerte
sobre mi corazón suenan sus pasos.
Ya no puedo llorarme pues no existo.
Me busco y no me encuentro.
Ya no estoy en mí mismo.

XIV

El río va diciendo su alegría
de ser río y no árbol
atado al mismo sitio
condenado a cadena perpetua de raíces.
El árbol nada sabe de viajes o de mundos
y es burla de los pájaros
que con silbos y vuelos le invitan al camino,
pero el ciego suspira expresando con hojas
—elocuencia frondosa de palabras que caen—
su dolor de forzado paralítico
que sus brazos extiende
en búsqueda imposible de horizontes.

XV

Caracola de nubes, sonora caracola
donde resuena el viento del mar y de la tierra.
El solitario sábado multiplica tu música
con lamentos de pájaros marinos.

Descansa mente mía. Te llama el mundo verde.
Te llama el sol fugaz entre las nubes.
Te llaman tantas naves más allá de los diques.
Suena la caracola del sueño y del olvido.

Caracola del cielo: tu música de nácar
hace dúo a la espuma del mar y de las flores.
Obedezco al llamado de las alas
Capitán de mi nave anclada en el ocaso.

XVI

Te amé mujer de manos laboriosas
creadoras del mundo de mis sueños.
Me trajiste la sal, la luz de las naranjas
un tiempo más dorado que un domingo sin nubes.
Tus manos construyeron palacios en la niebla
terrestres paraísos amueblados
con espejos de cielo, armarios de tesoros.
Tus manos me ofrendaron las viandas y los frutos
del país de la dicha.
Tu amor fue más alado que el rocío
sobre un jardín del trópico.
Te amé, te amé, mujer, mi dios doméstico
y te amaré hasta el día
en que se apague el fuego
y los últimos pájaros emigren para siempre.

XVII

Tú que callas mirando en el ocaso
aparejar las nubes
trazar las golondrinas sus repetidas rúbricas
apagarse los ojos luminosos del agua
mientras corre la sangre de los hombres
acosados por máquinas de muerte
en los países fértiles del mundo
tú que miras y callas,
no mereces gozar de los bienes terrestres.
Los tesoros solares se acumulan
no sólo para ti. Los cereales
frutos, aves y peces
son para todos. Habla. Tú no puedes callar
cuando en Asia, en América y en África
tus hermanos sucumben en los surcos
—semilla del futuro— quemados por las llamas
destruidos por las máquinas volantes
pero cantando en medio de las ruinas
el triunfo de los pueblos
que compran con su vida la libertad del mundo.
Aparta la mirada del ocaso florido
del teatro de las cosas.
Tú no puedes callar mientras los mártires
combaten por tu paz y por las golondrinas.
Suma tu grito al coro de la familia humana
que llora el sacrificio de sus mejores hijos.

XVIII

En la hogaza de pan hallo la patria
su contenido cálido de intimidad doméstica
su perfume solar igualitario
repartido en blandura protegida
por las manos del pueblo.

En la hogaza de pan veo el semblante
de las madres del mundo
sobre un fondo de campos de maíz y de trigo
ondulantes de vida
envueltos en vapores matinales.

Aspiro el pan como una flor dorada.
Palpo su suavidad
de infante del verano fajado en su corteza
de cereal sonante
con memoria de abeja y dalias secas.
En la hogaza de pan hallo mi patria
en un lugar cualquiera del planeta.

XIX

Mutación, mutación, yo te venero.
Que la ostra respire.
Que corra la tortuga.
Que despierten las piedras.
El mundo entero cambie.

Árboles encarnados con sus venas azules
muestren su anatomía.
El mar se pueble de algas de colores.
El espacio descubra su secreto.
Que se funden colonias en la luna.
Todos los hombres vuelen.
Mutación, mutación danos un día
que esté fuera del tiempo y del espacio.

XX

Cuando la luz apago cada noche
se alumbra mi conciencia
los niños esqueléticos me miran
con sus ojos enormes roídos por el fuego.
Vietnam es una piedra en mi almohada
las sombras multiplican un ruido de motores.
Todos los helicópteros zumban en mi cabeza.
Tábanos del azul sembradores de muerte
bombardean mis sueños
poblados de florestas.
Dejadme distinguir en medio del estruendo
la voz pura de un niño
alzando en el espacio
una flor inmortal entre explosiones.

XXI

He llegado a este límite, este sitio
donde no crece hierba ni hay señales

de agua o flor, el país más duro y áspero.
Es límite o comienzo
madrugada o poniente
escalón al azul
trampa disimulada entre la sombra.
Es umbral de un país de manantiales
frontera del desierto y de la noche
o comarca más fértil que los bosques
y todos los jardines de la tierra.

XXII

Lluvia en junio ironía del verano
París vuelve a tejer sus monumentos.
El agua gris dialoga con la piedra.
Oratoria del agua interminable
palabrería líquida.
La historia gota a gota entra en los huesos.
La soledad se aprende con la lluvia.
Agua civil o claustro transparente
donde la libertad es sólo un sueño
del verano frustrado.

XXIII

Julio arde en los arbustos.
Por vez primera el hombre desembarca en la luna.
La humanidad ha visto con sus ojos atónitos
el viaje silencioso de la nave
por la vacía inmensidad del cielo.

Sólo tiniebla muda
en torno de los nautas del espacio.

La morada metálica se posa
en el suelo lunar.
No hay una gota de agua ni una brizna de hierba.
Hay sólo la ceniza de los siglos
el polvo de la muerte
oh Sáhara del cielo
inmenso catafalco deleznable
donde se marca el paso de los hombres,
vanos conquistadores de la nada.

XXIV

Agosto, no me engaña tu disfraz de cosechas
tu dorado ropaje mojado por la lluvia.
Eres el mes del éxodo.
Los hombres van en busca de la patria del trigo
la patria del descanso en las playas ardientes.
El éxodo es la luz
detrás del horizonte.
Es la gran travesía del hombre en su destierro.
¡Oh frescor! Surge el cacto
absorbiendo la vida del desierto
en sus frágiles formas retorcidas
por el fuego solar.
                El verde signo
anuncia su camino al viajero extraviado.

XXV

Minas de la memoria:
las riquezas reposan en lo oscuro
en el fondo de ciegas galerías
donde yacen figuras de mujeres,
los domingos del mundo
los países vestidos de verdor
las ciudades, las nubes del poniente
en suma la belleza de la tierra
que revive a la luz de los recuerdos.

Entro con una lámpara
por las enmarañadas galerías
minero de la noche.
(Un hombre de ceniza me acompaña
a medias en la sombra sumergido.)

Busco el filón oculto del pasado
hasta dar con el oro de un momento
que sucedió una tarde
en un país remoto
bajo un árbol florido, ahora muerto.

EL ORADOR DICTADOR

Se mueve de izquierda a derecha tu cabeza parlante
tu gran mandíbula
hermana de la quijada del asno
masticando las palabras hasta escupir muertas semillas
mordiendo una sonrisa de hiena
modelando en la cavidad bucal un fruto putrefacto
goteando un agua de tinieblas.

Bululú, representa tu comedia grotesca.
Gran Cuervo grazna tus cacologías
sostén con el dedo en alto tu palabra
alborotador de pueblos
saborea entre dientes el discurso
echa el chorro por tu boca de gárgola
inunda de sonidos el espacio
con gárgaras verbales
dispara el dedo contra el adversario
precipítate al fondo del torrente
vierte la falsedad por tu boca de jarro
extrae del chaqué tus garras fláccidas
de buitre de las Indias
compañero enlutado de ruinas y cadáveres.
Mandatario de burla
signa tu perdición con tu mano de espectro
raíz seca nutrida en el sepulcro.

PROSPECCIÓN ETERNA

La muerte es una mina de preciosos metales.
El minero con los ojos cerrados
busca la veta de oro
que va desde la tumba
por una galería subterránea
hasta el cielo
a través del reino de los fuegos fatuos
donde la vida escultora de la muerte
esculpe una estatua de polvo deleznable.

VOCACIÓN TERRENA
[1972]

VOCACIÓN TERRENA

No he venido a burlarme de este mundo.
Sino a amar con pasión todos los seres.
No he venido a burlarme de los hombres.
Sino a vivir con ellos la aventura terrestre.

No he venido a hablar mal de los insectos
a descubrir las llagas del ocaso
a encarcelar la luz en una jaula.
No he venido a sembrar de sal los campos.

No he venido a decir que la jirafa
quiere imitar al cisne, que los pinos
sirven sólo de adorno entre las rocas.
No he venido a burlarme de los nidos.

He venido a mirar el mundo hasta la entraña
y acariciar las cosas simplemente
único patrimonio de los hombres.
No he venido a burlarme de la muerte.

DÍAS ANÓNIMOS

UNIFORMADOS huérfanos los días
en orden inmutable
con paso igual desfilan
uno detrás del otro con un traje de niebla
sordos de soledad
hinchados de silencio y lluvia ciega
extraviados en ómnibus sin rumbo
en busca del domingo
encerrado en algún jardín oscuro.

En los días anónimos
me dirijo a un lugar desconocido
en un barrio remoto
una calle sin nombre
una casa sin número
para ver a don Nadie en un bar que no existe
y conversar de cosas sin sentido
con palabras de viento
entre una gente extraña sin voz y sin oído.

ELEGÍA A GONZALO ESCUDERO

Escultor del aire: cobra tus cinceles
en el taller eterno.
Esculpe la estatua de la luz suprema
la estatua del tiempo
en tu alto retiro, mirador celeste.
Artífice sumo, talla los luceros,
da forma a la espuma,
¡oh dueño y señor de un mundo impalpable
de alas musicales y de encantamiento!

Domador azul, a tu voz las fieras
sueltas del idioma
acudían mansas a ocupar su sitio.
Mago de palabras cambiadas en rosas.
Decías "jardín" : se poblaba el mundo
de pájaros, flores y fuentes sonoras.
Escuchar sabías la celeste música
con tu oído puro de cazador de sombras.

Señor de la nieve, del preclaro armiño,
del ave y la espuma,
de todo lo angélico,
de toda la albura,

exploraste el cielo, mas también la cueva
de la muerte oculta.
La luz de tu frente
alumbró la entrada de la Mansión Única
del taller eterno en donde las nubes
servirán de mármol para tu escultura.

MENSAJE A ÁFRICA

INMENSA HERMANA, escucho el palpitar terrestre
de tu gran corazón oculto en los tambores
hablando en un lenguaje aprendido en las rocas.
Sol, baobab, león: son signos protectores
de tu pueblo de polvo y de raíces
tu pueblo hecho de flores.

Continente de música dictada por los pájaros
por los ríos que corren repartiendo frescura
África luminosa
donde cada lucero es una quemadura
sobre el pecho del hombre que danza y que trabaja
cubierto sólo con su piel oscura.

Hombre de África, hermano, sellaste con tu sangre
la plantación, la selva y el pantano
y aportaste tu esfuerzo al Nuevo Mundo
en un pasado próximo y lejano:
nuestro unánime canto de libertad se eleva
de todos tus tambores. El alba está en tu mano.

LA ETERNA MENDIGA

La muerte disfrazada
con un manto de plata.

La muerte con su saco
mendiga sin descanso

oh saco de dinero
para comprar el tiempo.

Vana moneda falsa
para comprar la nada.

Muerte de plata verde
mendiga para siempre.

A PICASSO

Tu creación inmensa despliega sus colores
en un claro universo dispuesto por tus manos
con nuevas dimensiones de las cosas
en una luz distinta nacida en tus sentidos
amanecer de líneas nunca vistas
disparadas del ojo iluminado
que perfora las formas terrenales
desde el cuerpo desnudo y la guitarra,
la briosa y ritual inmolación del toro
—del toro-pueblo ciego en su cornada—
el destello rojizo y fragmentado
de nueva apocalipsis
sembrada por las máquinas volantes
¡oh testigo mayor de nuestro siglo
despierto por el grito de las hienas!

¡Qué sinfonía vasta de colores!
Colores como voces del planeta
golpeado por las coces del caballo
que olfatea los vientos de la muerte
en la desordenada destrucción de los pueblos.
El color rojo aúlla en los escombros.
Muere el verde roído por cenizas.
Tú rescatas la luz verdadera del mundo,

en tu balanza pesas los volúmenes
sin mermar cantidades de cielo o de materia.

Descubriste la íntima substancia de las formas
y transformaste la pintura en himno
a un siglo deslumbrado
por falsos paraísos.

Tu rama de olivo llega a todos los pueblos
llevada por las alas de tu inmortal pintura.
Los muros se levantan proclamando tu nombre.
Tus lienzos son ventanas
abiertas a lo eterno,
creador portentoso de artísticas edades.
En tu red de colores trajiste el sol de España
los sabores pungentes de tu tierra
donde la sal es más salobre y acre,
la intensa luz se alarga en perspectivas
que enlazan horizontes irreales
con los claros volúmenes de los seres y cosas,
única realidad del universo.

EL COMBATE POÉTICO

Tú me darás el arma, Poesía,
para vencer al enemigo oculto,
para arrasar las fortalezas fatuas,
para escalar las torres de lo bello,
para extirpar las sierpes del planeta
instaurando el reinado del rocío.

Oh Poesía armada
clava tu alfanje de cristal y música
en el cuerpo del pulpo de la sombra,
da muerte al escorpión de la injusticia,
corta el pan de la luna para todos,
protege al nido, corazón del árbol,
a los seres vestidos de inocencia,
a las albas del mundo
y ciñe tu armadura transparente
para el combate diario con la noche.

No permitas que rueden las palabras
de peldaño en peldaño hasta el estiércol.
Haz huir a los cuervos emisarios
de fealdad, que mienten en tu nombre.
Tú me darás el arma, Poesía,

para abolir el reino del Oscuro
y devolver al hombre el patrimonio
de la luz transformada
en amor a las cosas del planeta.

ÍNDICE

Prólogo, *Vladimiro Rivas Iturralde* 5
Obras de Jorge Carrera Andrade 17

Primeros poemas
[1917-1920]

Retrato de un monje (Cuadro de la Escuela Quiteña) ... 25
La posada (Cuadro de la Escuela Flamenca) 26
La puerta 27
Vida del cántaro 28
Tormenta 29
Labrador inmortal 30
Tránsito, doncella india 31

Estanque inefable
[1922]

Provincia 35
Los párpados entornados 36
Filosofía del humo 37
Vida de la alacena 38
Canción de los naipes 39
Pastoral 40

Los dedos del viento 41
El silencio 42
Parroquia 43
Tribulación de agosto 44
Está lavado el cielo 45
Elegía a Abraham Valdelomar 47

El ciudadano de las gafas azules
[1924]

El ciudadano de las gafas azules 51
Muerte de los esposos 52
Regreso a la transparencia 53

Microgramas
[1926]
[1940]

Ordenando un universo 56
Colibrí 57
Ostión 57
Lo que es el caracol 57
Guacamayo 58
Tortuga 58
Nuez 58
Mecanografía 58
Araña 59
Bergsonismo 59
Zoo 59

La lombriz	60
Grano de maíz	60
Moscardón	60
Golondrina	60
La pera	61
Mariposa	61
Chopo	61
Definición de la gaviota	61
Pescado	62
Alfabeto	62
Habitante de la meseta	62
Grillos	62
Palmera	63
Ratón	63
Lagartija	63
Quiromancia	64
Las estrellas	64
La garza	64
Epitafio de un caracol de tierra	65
Limón	65
La fresa	65
Música estival	66
Concha marina	66
Trabajador cósmico	66
Oruga	66
Familia floral	67
Chimenea	67
Mandarina	67
Mirabel	68
Tierra de pájaros	68
Cuatro microgramas del mar	69

La guirnalda del silencio
[1926]

Milagro 73
Mujer de estío 75

La hora de las ventanas iluminadas
[1927]

La hora de las ventanas iluminadas 79
El reloj 80
IV. Retrato del español Sancho de la Carrera 81

Rol de la manzana
[1928]

Abril 85
Vida del grillo 86
Noticias de la noche 87
Universo 88
La vida perfecta 89
Canción de la manzana 90
Canción del continente negro 91
Canción breve del espantajo 92

Registro del mundo
[Antología, 1922-1939]

El objeto y su sombra 95
Saludo de los puertos 96
El hombre del Ecuador bajo la Torre Eiffel 98
Espejo de comedor 100

Dibujos de ciudades
[1930]

Guayaquil 105
Paita 105
La Habana 105
Nassau (Islas Bahamas) 106
Saint-Georges 106
Vigo 107
La Coruña 107
Santander 107
Barcelona 108
La Pallice 108
Nueva York de noche 109

Biografía para uso de los pájaros
[1937]

Biografía para uso de los pájaros 113
Las amistades cotidianas 115
Vocación del espejo 116

Defensa del domingo 117
Costumbre 118
Una monja, la lámpara 119
Orgullo del agua gaseosa 120
Régimen de frutas 121
Biografía secreta del hijo 123
Costumbre 124
Visita 125
La alquimia vital 126
Propiedad 127
El extranjero 129
Viaje 131
Maravillosa, acostumbrada vida 132
Morada terrestre 133

País secreto
[1939]

Islas sin nombre 137
Viento nordeste 139
Soledad y gaviota 141
Segunda vida de mi madre 142
Polvo, cadáver del tiempo 144
Zona minada 146
Nada nos pertenece 148
Soledad habitada 150
Octubre 151
El visitante de niebla 153
Inventario de mis únicos bienes 155

Lugar de origen
[1945-1947]

Lugar de origen 159
Tributo a la noche 160
El viaje infinito 161
Tres estrofas al polvo 162

Aquí yace la espuma
[1948-1950]

Aquí yace la espuma 165
Juan sin cielo 167

Lección del árbol, la mujer y el pájaro
[1950]

I. Columna en memoria de las hojas 171
II. Formas de la delicia pasajera 172
III. Árbol de luz tu cuerpo 172
IV. Lenguaje elemental 173
Torre de Londres 175
Señas del parque Sutro 177

Prisión humana
[1950]

I. Mundo con llave 181
II. La llave del mar 182

367

De nada sirve la isla 184
Viaje de regreso 186
Las formas pasajeras 189
La llave del fuego 191

Familia de la noche
[1952-1953]

Familia de la noche 197
Elegía a Pedro Salinas 204
Dictado por el agua 207
Las armas de la luz 211
Transformaciones 218

Nuevos poemas
[1955]

Invocación a Góngora 223
La mesa servida 224
Invocación a la palabra 225
Los terrícolas 228

Hombre planetario
[1957]

Moneda del forastero 233
Museo universal 235
Invectiva contra la luna 238

Mediterráneo 240
Aurosia 242

Taller del tiempo
[1958]

Taller del tiempo 247
La semilla 249
La cifra 250
El vaso 252
Mujeres escapadas de los cuadros 253

Hombre planetario
[1959]
(257)

Floresta de los guacamayos
[1963]

I. En la floresta de los guacamayos 275
II. La brasa 276
III. Teoría del guacamayo 277
IV. Ocaso de Atahualpa 280
V. Comarcas ignotas 282
VI. Los antepasados 284

Crónica de las Indias
[1965]

El Pacificador (argumento del poema) 289
   I. La expedición naval 291
   II. La marcha heroica 295
   III. El capacete de oro 300

El alba llama a la puerta
[1966]

I. *El reino efímero*

Jornada existencial 307
La mina más alta 309
El reino de las cosas 310
Descubrimiento 311
Linaje 313
Yo soy el bosque 315
Fantasma de las granjas 317

II. *Estación penúltima*

Estación penúltima 318
La esposa 319
Dolor vegetal 321
Mujer y playa 322
No hay 323

III. Memorias de nuestro planeta

Islas niponas 324
El caballo de terracota 326

Misterios naturales
[1972]

Libro del destierro 331
El orador dictador 346
Prospección eterna 347

Vocación terrena
[1972]

Vocación terrena 351
Días anónimos 352
Elegía a Gonzalo Escudero 353
Mensaje a África 355
La eterna mendiga 356
A Picasso 357
El combate poético 359

Este libro se terminó de imprimir en junio de 2000 en los talleres de Impresora y Encuadernadora Progreso, S. A. de C. V. (IEPSA), Calz. de San Lorenzo, 244; 09830 México, D. F. Su composición, en que se usaron tipos Garamond de 12:14 puntos, se hizo en el taller Vic Editor, Asturias 23; 03400 México, D. F., a cuyo cuidado estuvo la edición, que consta de 2 000 ejemplares.